ANDREA KUTSCH Die
Pferdeflüsterin

Wie man mit Pferden spricht
und ihnen zuhört

ANDREA KUTSCH **Die
Pferdeflüsterin**

Wie man mit Pferden spricht
und ihnen zuhört

CADMOS

In tiefer Dankbarkeit an Monty und
Pat Roberts für das Aufzeigen des richtigen
Weges. Und für Monty's unendliche Geduld,
seine uneingeschränkte Unterstützung und
für seine bedingungslose Freundschaft auch
in schwierigen Situationen.

Dank an Familie Köhling, Stefanie Stüting,
Wolfgang Scheer und Hans-Gerd Gräber für
die Unterstützung bei der Entstehung dieses
Buches.

Großer Dank an alle Pferde, die meine
wichtigsten Lehrer gewesen sind und immer
sein werden.

© 2005 by Cadmos Verlag GmbH, Brunsbek
Gestaltung und Satz: Ravenstein, Verden
Text: Stefanie Stüting
Fotos: Grande, Stroscher
Druck: Westermann, Zwickau

Alle Rechte vorbehalten.
Abdrucke oder Speicherung in
elektronischen Medien nur nach
vorheriger schriftlicher Genehmigung
durch den Verlag.

Printed in Germany
ISBN 978-3-86127-620-3

Inhalt

Einleitung..7

Eine Welt in Bildern 7

Die Pferdeflüsterin 8

Was dieses Buch nicht ist 8

Eine neue Form der Kommunikation 11

Vertrauensarbeit 12

Fallbeispiele 16

Don Fredo (7/Oldenburger) 17

Canon Fire (7/Connemara Pony) 25

Perle (5/New-Forest-Stute) 31

Dreamer (7/Mecklenburger)................36

Hypericon (13/Trakehner)...................43

Petri (12/Haflingermix) 48

Neptun (8/Haflinger) 53

Sunshine (4/Oldenburger Vollblutmix) 58

Vikingur (9/Isländer) 64

Warum der Mensch mitlernen muss 72

Ein Team auf der Schulbank 72

Seminare...75

Zum Schluss 77

Mehr ein Zuhören als ein Flüstern 77

Wer hilft bei Problempferden? 78

Monty Roberts und Andrea Kutsch

Einleitung

Eine Welt in Bildern

Eine lange, eine erfolgreiche Geschichte. Etwa 50 Millionen Jahre hat das Fluchttier Pferd überlebt. Bis heute. In dieser langen Zeit haben sich Verhaltensmuster gebildet und weiterentwickelt, die nur zwei Ziele kennen: überleben und fortpflanzen. In der Natur bewegt sich das Fluchttier Pferd langsam, es zieht in der Herde, es ist Energiesparer, um im Notfall schnell fliehen zu können. Pferde haben kein strategisches, kein in die Zukunft gerichtetes Denken. Sie sind assoziative Denker. Einzelne Situationen werden in Bilderreihen erinnert, Bild für Bild, Situation für Situation. Es gibt kein Vorausschauen, keine Gesamtheit, keine berechnenden Absichten. Und – kein Pferd wird als Problempferd geboren.

Bei diesem Grundverständnis der Natur der Pferde setzt die Arbeit von Andrea Kutsch an. Für viele Besitzer so genannter Problempferde ist sie die letzte Hoffnung, wenn das Team Pferd-Mensch nicht mehr funktioniert, das gegenseitige Vertrauen in der Sackgasse steckt und allzu oft Gewalt zur letzten Form der Kommunikation wird. Was für Außenstehende oftmals aussieht wie Magie ist das „Lesen" und Reagieren auf die nonverbale Kommunikation des Pferdes. Der Bruchteil einer Sekunde offenbart tief sitzende Geheimnisse. Gearbeitet wird mit der Psyche, der Seele, dem Vertrauen des Pferdes. Für das Fluchttier Pferd ist der Mensch als Raubtier ursprünglich natürlicher Feind. „Ich bitte das Pferd, mich für das anzunehmen, was ich tue, nicht für das, was ich bin – nämlich im weitesten Sinne ein Raubtier. Wenn das Pferd merkt, dass ich vorhersehbar bin und es nicht enttäusche, legt es seine Seele, seinen 600-Kilogramm-Körper und sein ganzes Leben in meine Hand. Für die Rolle dieser Anführerschaft biete ich ihm Schutz und Sicherheit."

Die Pferdeflüsterin

Andrea Kutsch ist die erste deutsche Schülerin und Instruktorin des legendären Pferdemannes Monty Roberts, dessen Lebenswerk selbst Hollywood inspirierte. Ein Millionenpublikum sah den Pferdeflüsterer von und mit Robert Redford in den Kinos. Schon als Siebenjähriger experimentierte Monty Roberts mit gewaltlosen Trainingstechniken bei Pferden. Mit 13 packte er seinen Koffer, um das Verhalten von Wildpferden in den Weiten Nevadas zu studieren. Dort entdeckte und definierte er „Equus", die Sprache der Pferde, die in seinen späteren gewaltlosen Trainingsprogrammen im Mittelpunkt stehen wird. Immer wieder überraschen seine Ergebnisse, seine Shows füllen ganze Arenen, seine Arbeit hinterlässt Staunen und Sprachlosigkeit.

Nach jahrelangem Studium bei Monty Roberts in Kalifornien begleitet Andrea Kutsch ihn auf die großen internationalen Tourneen. Sie arbeiten zusammen, die ehemalige Schülerin wird selbst zum Meister und zur ersten Problempferdetrainerin, die die gewaltfreien Trainingstechniken lehren darf. Noch nie, sagt Roberts heute, habe er einem Menschen so viel Zeit gewidmet wie der Ausbildung von Andrea Kutsch. Als erste autorisierte Instruktorin Deutschlands lebt sie derzeit im Norden Hamburgs, um die gewaltfreie Arbeit mit Pferden weiter voranzutreiben und die Methodik um eigene Erkenntnisse und empirische Befunde zu erweitern.

Ziel dabei ist keineswegs, die traditionelle Reiterei durch eine alternative Lehre zu ersetzen. Im Gegenteil. Gegenseitiges voneinander Lernen, quer durch die Disziplinen des Pferdesports – das ist der Traum der Andrea Kutsch. „Wir sollten das Wissen aus allen Disziplinen zusammenbringen, das Positive bündeln und so auf ein neues Niveau transportieren. Ein ganzheitliches, offenes Denken ist das Ziel."

Was dieses Buch nicht ist ...

Es sieht aus wie Magie und übersteigt die menschliche Vorstellungskraft, wenn ein tobendes, unberührbares Pferd nach nur wenigen Augenblicken ruhig und vertrauensvoll dem Menschen folgt, der gerade noch sein erbittertster Feind zu sein schien. Aber: Das Gegenteil ist der Fall. Andrea Kutschs Methoden im Umgang und Training von problematischen Pferden haben nichts Mystisches, sie basieren auf einer Philosophie naturwissenschaftlichen Ursprungs, die die Natur des Pferdes im Detail analysiert und es ermöglicht, nonverbal mit ihnen zu kommunizieren. Ein langjähriges Studium, die Arbeit mit hunderten von Problempferden und Jungpferden sowie die beständige Auswertung von Trainingsverläufen und empirische Kenntnisse sind Voraussetzung für ihre erfolgreiche Arbeit, von der mittlerweile auch die Medien in hohem Maße Notiz nehmen.

An Fallbeispielen möchte dieses Buch erklären, was die gewaltfreie Arbeit mit Pferden möglich macht, und Hintergründe zur gleichnamigen WDR-Serie liefern. Es möchte aufzeigen, wie weit sich der Mensch oftmals von seinem vermeintlich besten Freund entfernt hat, weil er nicht in der Lage ist, richtig mit ihm zu kommunizieren, Signale zu verstehen und negativen Mechanismen wieder eine positive Richtung zu geben.

Hält man sich vor Augen, dass es zwischen Mensch und Pferd um die Kommunikation zweier völlig unterschiedlicher Spezies geht, wird klar, warum Missverständnisse immer wieder an der Tagesordnung sind. „Auge in Auge" bedeutet in der Sprache der Pferde, die einer Gebärdensprache ähnlich ist, beispielsweise „Geh weg". Raubtiere gehen „Auge in Auge", wenn sie ein Opfer, also ein Beutetier, fokussieren und geben ihm damit höchste Aufmerksamkeit. Das Fluchttier liest den Augenaufschlag eines Raubtieres im Bruchteil einer Sekunde und wird durch den festen Blick die Flucht anstreben. Das hat sein Überleben über Millionen von Jahren hinweg gesichert.

Dass der Mensch dazu neigt, das eigene Denken, Handeln und auch die eigenen Instrumente der Kommunikation bei seinem Gegenüber – ob Mensch, ob Tier – vorauszusetzen, ist eine wissenschaftliche Tatsache. Mit Blick auf die Jahrmillionen alte Entwicklungsgeschichte der verschiedenen Spezies lassen sich die daraus entstehenden Probleme mehr als erahnen.

Nicht weniger als eine neue Form der Kommunikation ist es, die Andrea Kutsch in ihrer Arbeit mit den Pferden praktiziert und die auf einer ganzheitlichen Philosophie aufbaut. Versteht man also die Komplexität des Themas, wird eins ganz klar: Dieses Buch ist kein Lehrbuch. Und dieses Buch ist keine Anleitung zur Therapie von Problempferden. Vielmehr wird es die authentischen Fallbeispiele kommentieren und unter anderem zeigen, warum diese neue Form der Kommunikation funktioniert, welche Naturgesetze zum Tragen kommen, warum als „Rückfall" wahrgenommene Schritte vorhersagbar und notwendig sind und weshalb auch der Mensch immer mitlernen sollte.

Eine neue Form der Kommunikation

„Natürlich ist es schwierig, die Gedanken oder ihre Äquivalente, die das Verhalten eines Tieres bestimmen, zu interpretieren. Jedoch ist das kein Grund, es nicht zu versuchen.“

T.H. Savory 1959

Seit dem Ersten Weltkrieg hat sich die Wissenschaft kaum mit dem Thema geistig-seelischer Zusammenhänge, Mechanismen und Charakteristika bei Tieren auseinander gesetzt. Verhaltensforscher und Psychologen waren sich weitgehend einig in der Überzeugung, dass es unmöglich sei, bei Tieren reflex- oder instinktbedingte Reaktionen von einem bewusst reflektierten, „gewählten“ und selbst bestimmten Verhalten zu unterscheiden. Außer namhaften Köpfen wie Lorenz (1963) und Hediger (1947, 1968, 1980) haben sich

wenige Wissenschaftler zu diesem Thema geäußert. Das hat sich geändert. Eindrucksvolle Fortschritte der Ethologie und Psychologie haben das tierliche Denken heute wieder vermehrt ins Blickfeld der Wissenschaft gehoben.

Ergebnisse aus der Psychologie und Naturwissenschaft sowie praktische Erkenntnisse der internationalen Tiermedizin sind es, die Andrea Kutsch ihren Trainingsmethoden zugrunde legt. Die Formulierung ihrer neuen Form der Kommunikation steht auf einem naturwissenschaftlichen Fundament. Die Karten liegen offen auf dem Tisch. Über Jahrmillionen hinweg hat die Evolution Gesetze entwickelt und formuliert, die die Kommunikationsregeln jeder Spezies festschreiben. In der neuen Kommunikation geht es nun um eins: diese Naturgesetze, die Buchstaben, Wörter und Sätze der Evolution, richtig zu lesen und zu interpretieren. Das Monty-Roberts-Zitat „Many people watch, but only few can see" („Viele Menschen schauen, aber nur wenige können sehen") beschreibt den Ausgangspunkt dieses respektvollen Verständnisses der Natur im Allgemeinen – und der Natur des Pferdes im Besonderen.

Über 170 Gesten und Körpersignale hat Monty Roberts aus seinen langjährigen Beobachtungen von Wildpferden und mehr als 12.000 Trainingsfällen herausgefiltert und hieraus „Equus" – die Sprache der Pferde – abgeleitet. Auf diesen grundlegenden Erkenntnissen fußt die Arbeit seiner Schülerin Andrea Kutsch, die sie auf theoretischer und praxisorientierter Ebene durch eigene Studien und durch Studien in Kooperation mit namhaften Universitäten weiterentwickelt.

Vertrauensarbeit

Grundlage jeden Trainings bildet die Vertrauensarbeit. Nur wer das volle Vertrauen eines Lebewesens gewonnen hat, kann auch auf seinen Geist einwirken. Gezielt wird hier das Vertrauen, die Seele des Pferdes angesprochen und eine Zweiwegkommunikation von Mensch zu Tier in der nonverbalen Sprache der Pferde möglich. Ein extrem intensiver Moment, ein elementarer Austausch, der auf Außenstehende oftmals einen magischen Eindruck macht.

Die Vertrauensarbeit findet in absoluter Ruhe in einem nach außen begrenzten Zirkel statt. „Raubtier" Mensch und Fluchttier Pferd treten in Dialog miteinander. Hoch gestecktes Ziel und die Bitte des Trainers dabei: das unbedingte Vertrauen des Pferdes in den Menschen und sein Ja zur Anführerschaft des Menschen in einer gleichberechtigten und auf gegenseitigem Respekt basierenden Partnerschaft. Allein der Körper spricht – und beobachtet, agiert und reagiert. Die menschliche Form der verbalen Kommunikation gibt es in der Sprache der Pferde nicht. Sie wird nicht verstanden. Außer als gelerntes Kommando, als gezielt gesetzter Stimulus.

Lässt man ihm die Wahl, bewegt sich ein traditionell gearbeitetes Pferd zu Beginn der Vertrauensarbeit im Zirkel in der Regel vom Menschen weg. Der direkte Blick in die Augen des Pferdes und eine ihm zugewandte, geöffnete Hand bestätigen dem Tier, sich entfernen zu können. Weg von der Mitte des Zirkels, weg vom Menschen. Dem natürlichen Fluchtinstinkt begegnet der Mensch mit Verständnis. Bewegungen mit den Armen oder der Longe können diese Aktion unterstützen. Der natürliche Fluchtinstinkt greift, das Pferd bewegt sich weg vom Menschen. Zwischen 500 und 600 Meter beträgt der natürliche Fluchtweg. Weil der Mensch das Pferd gewähren lässt und seinerseits keine Aktionen unternimmt, die furcht- oder angstauslösend sind, erkennt das Tier: Von diesem

Eine neue Form der Kommunikation

„Raubtier" Mensch droht mir keine Gefahr. Es beginnt, die Kommunikation mit dem Menschen einzuleiten. Große Aufmerksamkeit signalisiert ein dem Menschen zugewandtes Ohr. In diesem angstfreien Szenario will sich das Pferd dem Menschen nähern. Das Herdentier möchte sich zu seinem Gegenüber gesellen. Möchte aus dem Einzel- in einen Herdenstatus gelangen – selbst wenn diese Herde nur aus zwei Mitgliedern besteht, von denen eines artfremd ist. Die Instinkte des Herdentieres wirken im domestizierten Pferd unverändert weiter. Mit einem Verkleinern des Zirkels signalisiert es dem Trainer, näher bei ihm sein zu wollen. Das Senken des Kopfes heißt weiter: „Ich akzeptiere dich als Anführer der Herde von zweien." Beginnt das Pferd nun zu lecken und zu kauen, zeigt es damit, dass es sich nicht fürchtet und den Menschen als Nichtfeind akzeptiert.

Das Pferd überträgt dem Menschen die Rolle der Anführerschaft – dafür erwartet es Schutz und Sicherheit. Eine Kommunikation, die so in der freien Natur unter Pferden zu beobachten ist: Ein ranghöheres Mitglied der Herde verschafft sich Respekt, indem es einen Artgenossen „wegschckt" – also die Bewegung und Richtung des „Rangniedrigeren" zu bestimmen weiß. In der freien Natur hieße das „weg von der Herde", ein lebensbedrohlicher Zustand für das einzelne Pferd. Gemäß seinen Grundzielen Überleben und Fortpflanzen fragt es also in der nonverbalen Kommunikation – Verkleinern des Zirkels, gesenkter Kopf, Lecken und Kauen – an, ob es sich dem neuen „Anführer in einer Herde von zweien" wieder nähern darf. Der Mensch stimmt zu – mit jenen Gesten, die in der Sprache der Pferde zu Hause sind. Und verstanden werden. Ein gesenkter Blick und eine dem Pferd im 45-Grad-Winkel abgewandte Schulter gestatten ihm, sich zu nähern. In diesem Moment, wenn sich das Pferd entscheidet, lieber beim Menschen als getrennt von ihm zu sein, ist jede Diktatur aus dem Szenario eliminiert und wird ersetzt durch eine gleichberechtigte Partnerschaft. Nun berührt der Trainer das Pferd, streichelt es zwischen den Augen als einer der empfindlichsten und ungeschütztesten Stellen, die ihm ein Höchstmaß an Vertrauen abverlangen. Wenn sich der Trainer nun vom Pferd wegbewegt, wird das Pferd ihm folgen, womit die erfolgreiche Vertrauensarbeit bestätigt wird. Das Pferd signalisiert durch sein freiwilliges Folgen, dass es lieber nahe beim Trainer sein möchte, als distanziert von ihm. In absoluter Ruhe, mit ruhigem Puls und niedrigem Adrenalinspiegel berührt der Trainer das Pferd nun nach und nach an den empfindlichsten Zonen des Körpers: Widerrist, Hals, Sattel- und Gurtlage. Das neu entstandene Vertrauen wird weiter intensiviert. Das Pferd lernt mit jeder Berührung, dass ihm nichts passiert – dass es sich sicher fühlen kann.

Noch einmal verstärkt wird die neue Vertrauensbasis durch eine abschließende „Auszeit", in der sich der Trainer aus dem Zentrum entfernt und passiv verhält, um dem Pferd Raum und freie Bewegung zu gewähren. Einige Minuten lang verhalten sich Mensch und Pferd neutral zueinander, ohne vom anderen Leistung zu fordern. Manche Pferde wälzen sich in dieser Situation und begeben sich damit in eine Position der absoluten Hilflosigkeit – ein großer Vertrauensbeweis gegenüber dem neuen Partner.

Das ist nur der Anfang: Wird hier der elementare Grundstein des Vertrauens gelegt, gilt es nun, die neue Verbindung aus dem Zirkel heraus auf die folgenden Trainingseinheiten zu transportieren. Andrea Kutsch: „In jedem nun folgenden Schritt bleibe ich für das Pferd vorhersehbar in meinen Gesten sowie fair und partnerschaftlich in jeder Aktion. Wenn alles Lernen in einer Skala von eins bis zehn zu verzeichnen ist, geschieht der wichtigste Lernschritt von null bis eins."

Die Vertrauensarbeit ist ein fundamentales Trainingsmodul in der Anwendung der neuen, gewaltfreien Kommunikation zwischen Mensch und Tier. Ein Dialog, der auf Vertrauen und nicht auf eine Anführerschaft durch Diktatur setzt. Dass sich diese neue Form der Kommunikation von der Beziehung Mensch-Pferd in einem weiteren Schritt auch auf das zwischenmenschliche Miteinander übertragen lässt, liegt nicht fern. Monty Roberts hat hier bereits angesetzt, Andrea Kutsch baut auf diesen Ansätzen mit eigenen Projekten und Erkenntnissen auf.

Die neue Form der Kommunikation schließt jede Form der Unterdrückung aus dem Szenario aus. Sie geht grundlegend davon aus, dass jedes Lebewesen in einem angstfreien, entspannten psychischen Zustand und in einem positiven Umfeld andere Verhaltensmuster und Potenziale zeigt als aus einer angst- und druckbesetzten Situation heraus. Dahinter steht eine komplexe Philosophie, die hier nicht im Detail dargestellt werden soll, die aber in den folgenden Fallbeispielen Anwendung findet.

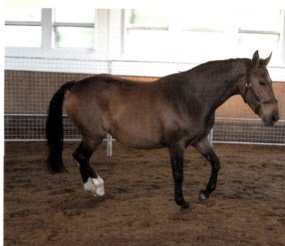

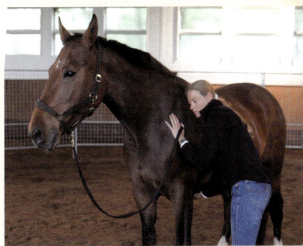

Die grundlegende Vertrauensarbeit ist Ausgangspunkt jedes Trainings. Nur wer das uneingeschränkte Vertrauen des Pferdes gewinnt, wird von ihm als Partner akzeptiert.

Fallbeispiele

Don Fredo
(7/Oldenburger)

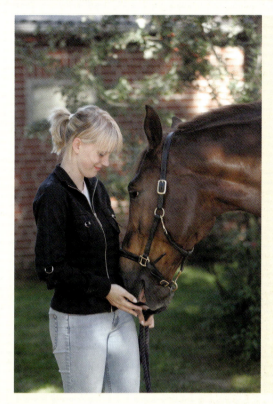

Don Fredo und Annalena

Liebe auf den ersten Blick würde man wohl nennen, was Jeanette vor zwei Jahren im Verkaufsstall eines Züchters erlebte. Da stand er, Don Fredo. Ein stattlicher Fuchs von 1,70 Meter Stockmaß. Mit dem energischen Oldenburger kaufte sie ein wahres Dressurtalent für sich, in erster Linie aber für die 16-jährige Tochter Annalena. Hineinwachsen sollten sie beide in das Pferd, damit mit den reiterlichen Fortschritten nicht gleich der Kauf eines besseren Pferdes nötig würde. Nach kurzer Zeit schon die Ernüchterung: Don Fredo zeigte so viel Temperament und Energie, dass er für Mutter und Tochter als Reitpferd nicht infrage kommt. Ein professioneller Bereiter stellte Jeanette Schramm vor eine klare, aber schwere Wahl. Entweder könne er Don Fredo so weit zu einem gemäßigten Verlasspferd ausbilden, dass Mutter und Tochter problem- und gefahrlos auf ihm reiten können. Oder aber er könne ihn für den großen Sport ausbilden. Hier allerdings brauche er dann sein Temperament und Feuer, um erfolgreich zu werden. Eine Entscheidung, die sich die Besitzerin nicht leicht machte. Nach gründlicher Überlegung entschloss sie sich, Don Fredo für den Sport fördern zu lassen und in fremde Hände zu geben. Zu schade schien ihr die Vorstellung, das Talent des Pferdes zu vergeuden.

Ab sofort lag die Ausbildung des kräftigen Fuchses in den Händen der Bereiter Ramon und Corinna, die Don Fredo gemeinsam trainierten und abwechselnd auf Turnieren vorstellten. Bei der Verpflegung des Pferdes aber behielt sich Jeanette alle Entscheidungen vor. Wie oft und lange er Ausgang auf Weide und Paddock bekam, lag allein bei ihr. Meinungsverschiedenheiten mit den Profis blieben kein Einzelfall. Sie mietete sogar eine Privatweide für den Wallach, holte ihn regelmäßig aus dem Stall, putzte ihn, beschäftigte sich mit ihm.

Weitgehend problemlos und schnell ließ sich der Fuchs anfangs noch verladen, hin und wieder wurde ohne Druck die Longe zu Hilfe genommen und das Pferd ging zügig auf den Anhänger. Dann passierten die Unfälle. Auf dem Weg zur Tierklinik löste sich die hintere Stange im Hänger. Niemandem war das während der Fahrt oder bei der Ankunft aufgefallen. Als die Hängerklappe heruntergelassen wurde, schoss das Pferd zurück, war aber vorne noch angebunden. Don Fredo hängte sich am Strick auf, unter dem Gewicht des schweren Tieres riss das Halfter, er stürzte schwer auf der Verladerampe und galoppierte panisch davon.

Dieser Zwischenfall sollte nicht der einzige bleiben. Kurze Zeit später – der Fuchs stand auf dem Turnierplatz im Hänger – drang ein Bienenschwarm in den Hänger ein und attackierte das bewegungsunfähige Pferd. Als Jeanette nach Don Fredo sah, war er bereits gestochen worden und völlig außer sich.

Die Probleme verschärften sich. Immer unwilliger ging der Fuchs in Zukunft auf den Anhänger. Nach stundenlangen Verladeversuchen beschloss Jeanette eine neue Strategie. Lehrbuch und Videokassette von Monty Roberts sollten ihr helfen, Don Fredo wieder auf den Anhänger zu bewegen. Nach ersten Erfolgen blieb die Enttäuschung. Selbst wenn das Pferd auf den Hänger ging, schoss es Sekunden später wieder zurück – keine Chance also, die hintere Stange zu befestigen, geschweige denn die Klappe zu schließen. Jede Hängerfahrt wurde zur Zerreißprobe.

Eine neuerliche Turniersituation trieb das Problem auf die Spitze und die Besitzerin an den Rand der Verzweiflung. Nach stundenlangen Verladeversuchen lagen bei Pferd und Mensch die Nerven blank. Männer mit Gerten und Besenstielen kamen zu Hilfe. Ergebnislos. Schließlich wurde der Hänger vor eine kleine Kammer rangiert, um von dort aus zu verladen. Niemand konnte das Pferd auf den Anhänger führen. Es wurde später und spä-

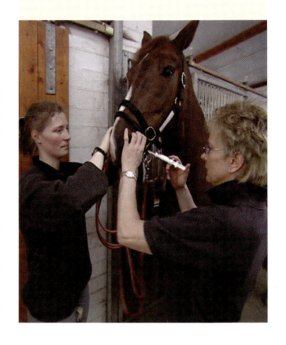

ter. Absolute Ratlosigkeit. Rein zufällig kam plötzlich eine junge Frau vorbei, fragte unbefangen, was los sei, nahm Don Fredo am Halfter und schaffte es mit viel Geduld und Ruhe, ihn zur Heimfahrt zu „überreden".

Nur einmal wurde der Fuchs danach noch verladen – mithilfe von Beruhigungsmitteln –, um bei Andrea Kutsch endlich seine Angst vor dem Anhänger zu verlieren.

Einschätzung Andrea Kutsch

„Don Fredo ist ein sehr gut ausgebildetes Dressurpferd, mit dem die Besitzerin nach eigener Aussage reiterlich überfordert ist. Sie kümmert sich intensiv um ihn und hat ihn bei einem professionellen Trainer in Beritt gegeben. Das Pferd zeigt eine sehr gute Grunderziehung. Im Umgang kann man bei dem Oldenburger keine Ängste oder Unsicherheiten spüren, wie sie oft bei Pferden bemerkbar sind, die viel Gewalt und Druck erfahren haben. Don Fredo ist ein ausgesprochen starker Charakter. Ein sehr kräftiges Pferd, das gelernt hat, die Führung zu übernehmen. Seine Reiterin Corinna scheint dieses Problem im Griff zu haben.

Ein Pferd wie Don Fredo braucht seine konsequenten Grenzen, um glücklich zu sein. Pferde sind es gewohnt, sich innerhalb einer Herde in eine straffe Rangordnung einzuordnen. Die Rolle der Anführerschaft wird erfüllt – wenn nicht vom Menschen, dann vom Pferd. Wird diese Rangordnung vom Menschen nicht hergestellt, beginnt für das Pferd das innere Chaos. Je mehr Sicherheit einem Pferd durch eine klare soziale Hierarchie gegeben wird, desto wohler fühlt es sich. Der Fuchs hat ganz klare Führungsqualitäten, gibt die Funktion des Führenden jedoch, wie jedes ganz normale Pferd, gerne ab. Seine Position im Mensch-Pferd-Team und der gesamte Umgang mit ihm ist unklar und uneindeutig. Während er bei seiner Besitzerin kaum Konsequenz erfährt, ordnet er sich bei seiner Bereiterin ebenso wie in jedem Umfeld, wo ihm seine Position klar zugewiesen wird, problemlos unter. Er muss sich auf jeden Menschen in seiner nächsten Umgebung anders einstellen. Das ist für ihn nicht eindeutig sondern schwierig und anstrengend.

Diese Unklarheit in der Anführerschaft stellt ein zentrales Thema beim Verladetraining dar. Gravierend zeigt sich aber auch die Angst vor dem Hänger, die ihre Ursachen in den geschilderten Aktionen und Unfällen rund um eben dieses Szenario hat, welches für ihn nun extrem negativ besetzt ist.

Als Erstes geht es darum, Don Fredo die Angst vor dem Hänger zu nehmen. Er ist in dieser Hinsicht doppelt traumatisiert, weil er nicht nur Druck und Gewalt von hinten erfahren, sondern sich auch vorne am Strick aufgehängt hat. Das Training ist dementsprechend auf das Lernen neuen Vertrauens im Kontext Anhänger und Verladen ausgerichtet. Als die Angst überwunden ist, kommt sofort das Selbstvertrauen des Pferdes zurück.

Am Ende brauche ich nur noch neben ihm zu stehen und er geht problemlos auf den Hänger. Auch seine Reiterin Corinna kann ihn nach wenigen Übungseinheiten hinaufführen. Sobald aber seine Besitzerin alleine agiert, spürt er ihre Unsicherheit und ihr mangelndes Selbstbewusstsein im Umgang mit ihm. Im normalen Umgang kommt sie gut mit ihrem Pferd zurecht, hat auch im Training weitere Fortschritte gemacht. In einer Situation aber, wo es um klare Anführerschaft geht, vertraut er sich ihr nicht an. Einer der Gründe dafür ist ihre Körpersprache. Sie ist sehr lebhaft und tendiert zu kurzen, hektischen Bewegungen, die im Umgang mit einem Pferd nicht günstig sind.“

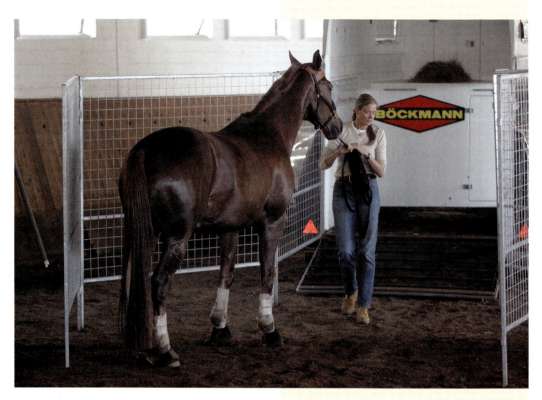

Das Training kann beginnen, die Politik der kleinen Schritte greift.

Training

Ebenso schnell wie intensiv kann Andrea Kutsch die grundlegende Vertrauensarbeit mit Don Fredo durchführen. In der nonverbalen Kommunikation, der Sprache der Pferde, versteht er, sie für das anzunehmen, was sie tut, nicht für das, was sie ist – nämlich eine Art Raubtier in der Natur der Pferde. Er lernt, sie mit den Attributen Vertrauen und Sicherheit zu assoziieren, und akzeptiert ihre Anführerschaft in einer Herde von zweien.

Das Training vor dem Hänger kann beginnen. Schon in einiger Entfernung des Anhängers geht der Puls des Pferdes nach oben. Ruhiges Vor- und Zurückführen vor dem Hänger lässt ihn gut kooperieren. Die Heilung durch eine Politik der kleinen Schritte schafft Momente, die zu beloh-

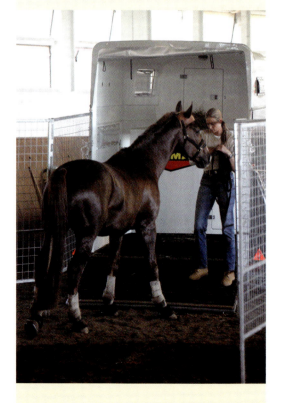

Don Fredo

nen sind. Ziel ist es, das Pferd in eine Situation zu bringen, in der es etwas richtig machen kann, sodass wir es dafür belohnen können, anstatt darauf zu warten, dass es etwas falsch macht, um es dann dafür zu bestrafen. Das Pferd lernt bei jedem Schritt, dass ihm nichts passiert, und kann so seine Furcht vor dem erwarteten Druck selbst überwinden. Schritt für Schritt, im assoziativen Denken der Pferde Bild für Bild, geht es voran. Die zentrale Kunst besteht darin, genau das Bild zu finden, welches im assoziativen Gedächtnis des Pferdes negativ besetzt ist – die Suche nach dem „hakenden" Bild im Film.

Mittlerweile lässt sich Don Fredo zögerlich die Rampe hinauf- und hinunterführen. Um seinen Impuls, sofort wieder rückwärts von der Laderampe zu schießen, nach hinten zu begrenzen, werden Gitterelemente eingesetzt. Pferde gehen immer „in den Druck hinein", den sie als solchen empfinden. An dieser Stelle das Pferd zu „lesen" gibt Aufschluss über die grundlegende, die eigentliche Problematik. Auch hierfür ist der Grund naturwissenschaftlicher Art und in der Natur des Pferdes tief verankert: Greift ein Raubtier an und beißt sich in einer der empfindlichen Körperstellen fest, hätte ein Reißen in die entgegengesetzte Richtung eine schwer wiegende Verletzung zur Folge. Also bewegt sich das Pferd in den Druck hinein, um den Moment, in dem das Raubtier in seinem Biss noch einmal nachfasst, zur eventuellen Flucht nutzen zu können. Der Druckpunk in diesem Fall ist das Zurückziehen, sobald der Wallach die vordere Wand des Hängers sieht. Er erwartet, sich erneut am Strick aufzuhängen, und zieht sofort zurück, obwohl der eigentliche Stimulus in diesem Moment nicht präsent ist.

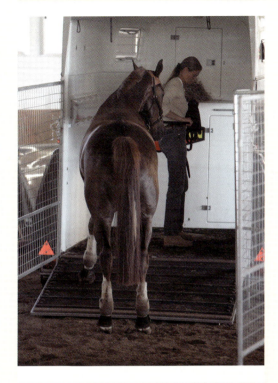

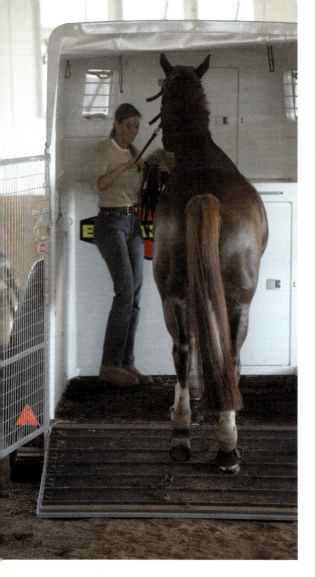

längert Andrea Kutsch die Verweildauer auf dem Anhänger, das Vertrauen wächst. Die durch den Unfall entstandene Angst vor Gefahren von hinten und vorn gilt es nun umzukonditionieren. Negative Bilder in der assoziativen Gedächtniskette werden nach und nach durch positive ersetzt. Hierin besteht der Lernerfolg, durch die intrinsische Lernsituation erwächst die neue, positive Konditionierung.

Um Don Fredo nun nachhaltig die Angst vor der sich schließenden Klappe oder vorzuhängenden Stange zu nehmen, wird er auf dem Anhänger stehend zunächst leicht an der Hinterhand berührt. Er zeigt eine sofortige Reaktion. Ganz langsam, in einem Szenario der absoluten Ruhe wird das Berühren von hinten geübt, in seinem einmal gefassten Vertrauen zur Trainerin versteht er, dass keine Gefahr besteht. Bedient wird sich hier der systematischen Desensibilisierung. Nach jeder Berührung entfernt sich der Stimulus von hinten wieder, schafft mit dem hergestellten Abstand eine Belohnung für Don Fredo, der versteht: Bleibe ich still stehen, wenn ich berührt werde, entfernt sich der beängstigende Stimulus und es besteht kein Anlass zu Furcht oder Fluchtreaktion. Behutsames Anheben der Klappe, wieder und wieder, ist der nächste Schritt. Solange die Klappe nicht geschlossen und die Stange befestigt ist, wird das Pferd nicht angebunden. Eine Regel, die immer gilt, nicht nur im Training von Don Fredo! Nach dem Training in der Halle geht der Lernprozess weiter. Erst draußen, dann im heimischen Stall. Das Pferd geht ohne ein Zögern auf den Anhänger.

Oftmals kommen in dem Moment, wo die Pferde wieder in ihrer vertrauten Umgebung sind und ein gelernter Stimulus greift, die alten Verhal-

Durch eine positive Bestätigung für jeden Schritt in die richtige Richtung macht Don Fredo weitere Fortschritte. In einem ständigen Fluss der Bewegung wird das Hinaufgehen und das Verlassen des Anhängers gefestigt und nach und nach zur Normalität. Das Pferd lernt bei jedem Schritt, dass ihm nichts geschieht, und kann so seine Furcht vor dem erwarteten Druck von hinten und vorn selbst überwinden. Nachdem das Betreten des Hängers problemlos möglich ist, ver-

Don Fredo

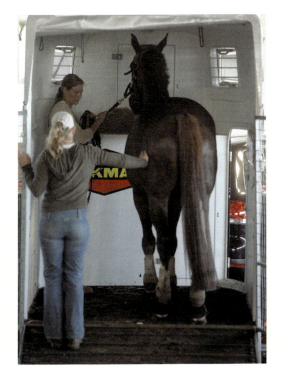

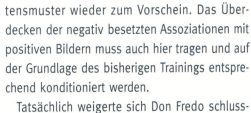

Die Angst vor dem Druck von hinten wird abgebaut. Don Fredo lernt, dass sich der angsteinflößende Stimulus wieder entfernt, wenn er ruhig auf dem Anhänger stehen bleibt.

tensmuster wieder zum Vorschein. Das Überdecken der negativ besetzten Assoziationen mit positiven Bildern muss auch hier tragen und auf der Grundlage des bisherigen Trainings entsprechend konditioniert werden.

Tatsächlich weigerte sich Don Fredo schlussendlich, von seiner Besitzerin geführt auf den Anhänger zu gehen, während die Bereiterin weniger Probleme zu haben schien. Ein psychologischer Schlag für Jeanette, die ihrem Pferd hingebungsvoll verbunden ist. In dem Moment, wo Don Fredo die Anführerschaft eines Menschen anerkennt, zeigt er keine Verladeschwierigkeiten mehr. Jede unfall- und stressfreie Fahrt wird das neue Vertrauen bestärken und die positive Assoziation zum Thema Anhänger vertiefen. Gewährleisten muss der Mensch, dass es keine Unfälle mehr geben wird und mit Don Fredo – entsprechend seiner starken Persönlichkeit – als klarer menschlicher Anführer einer Herde von zweien umgegangen wird.

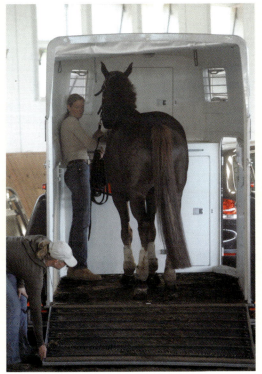

Vorsichtiges Anheben und Absenken der Rampe bestätigt das Pferd in seiner neuen Konditionierung „Mir geschieht nichts von hinten". Generell sollten Pferde lernen, die Vorgänge „Aus- und Einsteigen" und „Schließen der Klappe" voneinander zu trennen. Erreicht werden kann dies durch ein gelegentliches Öffnen und Schließen der Rampe, während das Pferd auf dem Anhänger steht.

Der Mensch lernt immer mit.

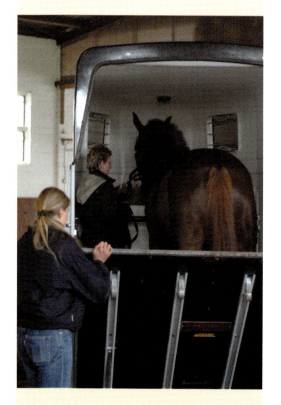

Statements Besitzer

„Ich wollte nicht nach ein, zwei Jahren ein ‚besseres' Pferd kaufen müssen, nur weil sich die Leistungen meiner Tochter verbessert haben. Ich hasse diese Geschichten von Reitponys, die nach wenigen Jahren ausgedient haben, wenn ihre Reiterinnen aus dem E- und A-Niveau herausgewachsen sind. Und die Pferde werden wie Ware verscherbelt."

„Beim ersten Reiten im heimatlichen Stall hat er gebockt, gescheut und ist mit mir durchgegangen. Ich bin vor Angst fast gestorben. Auf so einem Derwisch wollte ich meine Tochter nicht reiten lassen."

„Ich bestimme, wie lange und oft er auf die Weide oder den Paddock kommt. Und da bin ich nicht immer einer Meinung mit den Profis. Bei aller Leistung soll er doch ein pferdegerechtes Leben mit so viel Freigang und Kontakt zu anderen Pferden wie möglich haben."

„Erst der Sturz auf der Klappe, dann der Bienenschwarm ... bestimmt keine gute Erfahrung, um den Hänger als beliebten Ort für ihn zu etablieren."

„Als wir nach einem Turnier das Pferd fast drei Stunden im strömenden Regen verladen haben, hatte ich die Nase voll. Ich holte mir Buch und Film von Monty Roberts und versuchte mein Glück auf eigene Faust."

„Für mich war klar: Das will ich nicht noch einmal erleben. Nie wieder. Und wenn es das letzte Turnier war, das er mitgemacht hat."

„Damit war der Entschluss gefasst, das Pferd zu Andrea Kutsch zu geben, um ihm die Angst vor dem Anhänger zu nehmen."

Ein vertrautes Team: Canon Fire und seine Besitzerin.

Canon Fire
(7/Connemara Pony)

Dramatische Schicksalsschläge in der Familie umrahmten die Situation der 16-jährigen Julia Neugebauer und ihres Ponys Canon Fire. Von klein auf war das Mädchen begeistert von Pferden, hatte mit fünf Jahren ihre erste Reitstunde und seit sie neun ist regelmäßigen Unterricht. Julia leidet seit ihrer Geburt an einem schweren Herzfehler, vor zwei Jahren bekam sie einen Herzschrittmacher. Seitdem saß das Mädchen mit Angst im Sattel. Ein Sturz kann für sie lebensgefährlich sein.

Canon Fire bekam die 16-Jährige in einer Situation schwerer persönlicher Schicksalsschläge. Das Connemara Pony ist für sie weit mehr als ein Reitpferd. Aber: Wieder und wieder buckelte der kleine Schimmel seine Reiter aus unerfindlichen Gründen ab. Tage, Wochen, Monate konnten zwischen diesen „Ausbrüchen" liegen. Tierärzte, Physiotherapeuten und Masseure waren ratlos. Ein neuer Sattel, neue Bereiter, Massagen, therapeutisches Longieren und artgerechte Haltung – niemand kam hinter das Geheimnis, das Canon Fire von einer Sekunde zur anderen in einen unberechenbaren Buckler verwandelte. Mutter und Tochter fühlen eine starke Verantwortung gegenüber dem Pony, unbedingt wollten sie ihm helfen, Antworten auf ihre Fragen finden. Canon Fire zu verkaufen oder in fremde Hände zum Beritt zu geben stand für sie außer jeder Diskussion. In dieser Ratlosigkeit wurde die Pferdeflüsterin Andrea Kutsch zu ihrer letzten Hoffnung.

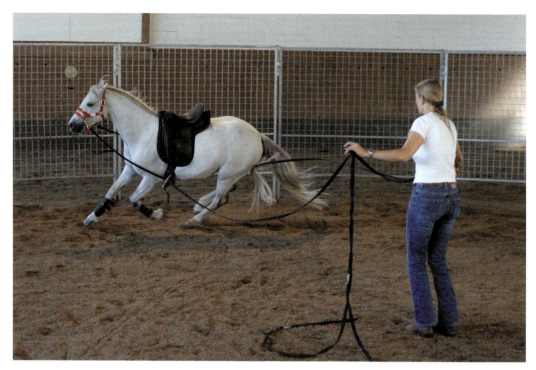

Auf der Suche nach dem „springenden Punkt". Das „Lesen" des Pferdes bei der Arbeit gab zunächst keinen Aufschluss darüber, was den kleinen Schimmel von einer Sekunde zur anderen zu einem Buckler macht.

Einschätzung Andrea Kutsch

„Das größte Problem bei Canon Fire besteht darin, das eigentliche Problem überhaupt zu finden. Für eine so kurze Trainingsphase eine extrem große Herausforderung. Ein Pferd, das zum Teil über ein halbes Jahr lang nicht buckelt, ist nicht innerhalb weniger Wochen zu kurieren. Einen Monat lang wird der Schimmel täglich gearbeitet – ohne zu buckeln. Das Problemverhalten tritt nicht auf, dementsprechend ist auch der Auslöser nicht auszumachen. Das Pferd ist zwar die ganze Zeit extrem angespannt, sichtbar durch zurückgelegte Ohren, einen festen Rücken und zum Teil auch eine gesenkte Kruppe. Aber er buckelt nicht. Wir haben den Ablauf des Sattelauflegens und Trensens in kleinste Einzelschritte untergliedert, sind von beiden Seiten auf- und abgestiegen, mit und ohne Aufstiegshilfe. Mal haben wir mit dem Bein beim Aufsteigen die Kruppe berührt, mal die Gurtlage, haben ihn links- und rechtsherum geführt, geritten, rückwärts gerichtet – nichts. Außer einer anhaltenden Anspannung und der intensiven Konzentration auf alles, was von hinten und oben passierte. Canon Fire ist in permanenter Alarmbereitschaft.

Durch seine Anspannung vor allem bei der Doppellongenarbeit bin ich davon ausgegangen, dass er Probleme mit Dingen hat, die von hinten kommen. Es hat Wochen gedauert, bis Canon Fire bei meiner Assistentin Julia das erste Mals ein Buckeln zeigte. In der Rekonstruktion fanden wir heraus, dass sie beim Aufsteigen von links mit dem rechten Bein an seine rechte Schulter gekommen sein musste. Später zeigt er dieses Verhalten immer wieder, wenn ich ihn vom Boden aus an eben dieser Stelle berühre. Sofort springt er weg. Schritt für Schritt können wir nun an diesem auslösenden Stimulus arbeiten. Im Prinzip ist Canon Fire also kein Buckler im klassischen Sinn, sondern hat viel eher ein Problem im Moment unerwarteter Berührungen.

Der Fall Canon Fire zeigt, wie elementar wichtig die Diagnostik – das Lesen des Pferdes – ist. Nur wenn die Signale der nonverbalen Kommunikation des Pferdes richtig verstanden und interpretiert werden, ist der problemauslösende Stimulus zu lokalisieren, auf den das gesamte Training ausgerichtet wird. Genaueste und richtige Ursachenforschung ist Grundlage jeder Arbeit mit problematischen Pferden. Die Komplexität der einzelnen Verhaltensmuster ist dabei so dicht, dass der eigentliche Auslöser eines Problemverhaltens oftmals viel tiefer und verdeckt hinter zunächst offensichtlich erscheinenden Reaktionsmustern liegt."

Training

Die entscheidende und zugleich schwierigste Aufgabe in der Arbeit mit Canon Fire besteht darin, das eigentliche Problem zu lokalisieren. Der Auslöser, das negativ belastete Bild, der beängstigende Stimulus muss gefunden werden. Nicht einfach bei einem Pferd, das mitunter ein halbes Jahr und länger keine entsprechende Reaktion zeigt, sprich nicht buckelt. In den wenigsten Fällen entspricht das ursprünglich definierte Problem demjenigen, das der nonverbalen Kommunikation des Pferdes zu entnehmen ist. Das heißt, die auftretenden Probleme setzen meistens viel früher an als vom Menschen wahrgenommen. Die korrekte Problemanalyse wird in der Philosophie der nonverbalen Kommunikation zur „Kunst, das Pferd zu lesen".

Im Fall Canon Fire konzentriert sich das Training nach der grundlegenden Vertrauensarbeit zunächst auf die Doppellonge. Sobald die äußere Longe seine Hinterhand berührt, reagiert der Wallach nervös und ängstlich, schiebt sich von hinten zusammen und verkürzt sich im Rücken. Die Vermutung, dass sein Buckeln aus einer rückwärts gerichteten Angst resultiert, liegt nah, ist aber verfrüht. Schon beim Satteln ist dem Pony Nervosität anzumerken, Canon Fire zeigt deutliche Zeichen von Anspannung und Stress. Jede Handlungsfolge wird in ihre kleinsten Bestandteile aufgeschlüsselt – immer auf der Suche nach dem eigentlichen Auslöser, dem reaktionsauslösenden Ereignis.

Möglichst häufige Wohlfühl- und Entspannungsmomente setzt Andrea Kutsch gegen die entstehende Nervosität von Canon Fire. Vor allem dann, wenn sie neue Arbeitsschritte in das Trai-

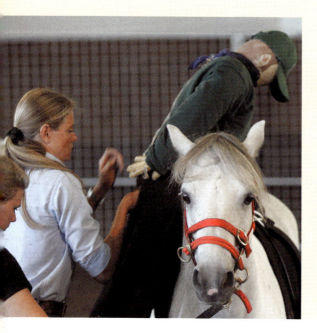 

Den Dummy „Hermann" akzeptiert Canon Fire nach kürzester Zeit. Nach wie vor bleibt hingegen die Frage, welcher Stimulus ihn buckeln lässt.

ning einbringt. Ein solcher kommt nun mit dem Einsatz von Hermann. Die Dummy-Stoffpuppe, die auch in der Arbeit mit „klassischen" Bucklern immer wieder wertvolle Hilfe leistet, wird zunächst nur über den Rücken des Ponys gelegt. Schon die kleinsten seitlichen Berührungen verursachen enorme Verspannungen, Canon Fire scheint in ständiger Alarmbereitschaft und mit der gesamten Situation höchst unzufrieden – ein Buckeln bleibt allerdings aus.

Auch der zweite Tag beginnt für den kleinen Schimmel mit Vertrauensarbeit. Viel aufmerksamer als am Vortag und erstaunlich ruhig in der Begegnung mit Hermann zeigt er sich heute. Das Naturgesetz des latenten Lernens greift. Praktisch über Nacht verinnerlichen Pferde, was sie am Vortag erlebt haben. In der Ruhe verarbeitet das Gehirn die Informationen, die es im Training bekommen hat, und macht sie am nächsten Tag abrufbar. Entscheidend wichtig ist es vor diesem Hintergrund, jedes Training mit einem positiven Erlebnis zu beenden.

Canon Fire trägt Hermann jetzt ganz entspannt und angstfrei in allen Grundgangarten. Am nächsten Tag steigt der eigens aus den USA eingeflogene Rodeo-Reiter Grant Bazin in den Sattel, der seit einigen Jahren auch mit Monty Roberts zusammenarbeitet und Experte im Korrigieren von Bucklern ist. Zunächst legt er sich über den Rücken des Ponys, richtet sich langsam auf und wird nah an der Longe geführt. Schließlich kann er Runde um Runde buckelfrei im Schritt und Trab drehen. Immer mit dem Gefühl, als sitze er auf einem Pulverfass, als warte das Pony nur darauf, dass etwas passiert. Im nächsten Schritt legt sich Trainingsassistentin Julia Köhling zunächst vor-

 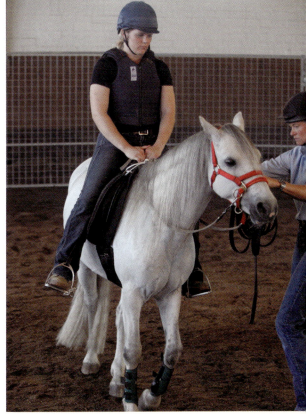

Nach dem ersten vorsichtigen Aufsitzen kann Julia Köhling den Schimmel bald jeden Tag ganz normal reiten. Rein zufällig entdeckt sie erst viel später, was Canon Fire's Buckeln auslöst.

sichtig über den Rücken des Ponys, um sich dann langsam aufzurichten. Jeder Moment kann nun der des gesuchten Bildes, des Knopfes sein, der das Buckeln auslöst. Eine nicht ungefährliche Situation, in der Andrea Kutsch ihre Mitarbeiterin vom Boden aus sichert. Jede kleinste Regung des Tieres steht unter Beobachtung, akribisch liest Andrea Kutsch die nonverbale Sprache des Tieres. Canon Fire wird zunehmend ruhiger. Keine Panik, aber erhebliche Sorge sieht Andrea Kutsch. Die Suche nach dem eigentlichen Auslöser geht weiter, während Julia von nun an beginnt, das Pferd jeden Tag ganz normal zu reiten.

In der Folgezeit wird das Pferd täglich gearbeitet. Über Wochen hinweg wird der Wallach geritten, ohne ein Buckeln zu zeigen. Dann ist es plötzlich so weit: Als Trainingsassistentin Julia Köhling eines Tages wie immer aufsteigt, schießt der Wallach unerwartet los. Alles spielt sich im Bruchteil einer Sekunde ab. Das Pferd macht aus dem Stand einen Satz nach oben, dreht auf der Hinterhand und ist weg – unmöglich zu sitzen für

Statement Besitzer

„Wir haben alle möglichen Ursachen abklären lassen – wir sind am Ende der Fahnenstange."

„Das Traurige ist, dass er beim Reiten sonst das tollste Pferd ist, das ich mir nur wünschen kann."

„Canon ist für mich viel mehr als ein Pferd. Er ist wie ein kleiner Bruder. Ich habe ihm damals all meinen Kummer anvertraut. Er war für mich da, hat zugehört und mir ganz viel Wärme gegeben. Ich hatte ein schönes Ziel für jeden Tag vor Augen. Ich möchte alles tun, um dem Pony zu helfen."

„Wir haben bereits viel investiert. Canon Fire hat sehr viel für Julia getan und soll alle Chancen der Welt bekommen, damit auch ihm geholfen wird. Würden wir uns von dem Pferd trennen, wären unsere Probleme sicherlich gelöst, aber noch lange nicht die von Canon Fire. Das sind wir ihm einfach schuldig."

die Reiterin. In der genauen Analyse der Situation stellt sich heraus, dass Julia beim Aufsteigen von links mit dem rechten Bein an die rechte Schulter des Pferdes gekommen sein muss. Endlich ist der gesuchte Auslöser, das hakende Bild gefunden. Nun kann die gezielte Arbeit am Problem des Pferdes beginnen. Im Folgenden bestätigt Canon Fire seine „Schwachstelle", zeigt dasselbe Verhalten, wenn er vom Boden oder beim Auf- und Absitzen an der Schulter berührt wird.

Das Training im Sinne der Politik der kleinen Schritte, die das Pferd in kleinen, zu bewältigenden Schritten zum Löschen der negativen Assoziation durch die Schaffung neuer, positiver Bilder bringt, hätte nun beginnen können, wenn ein längerer Trainingszeitraum zur Verfügung gestanden hätte.

> Für ein buckelndes Pferd ist es eine Belohnung, wenn der Reiter herunterfällt. Durch den Gegensatz von „Buckeln" als Aktion und „Reiter fällt herunter" als Ruhe, nach der der Energiesparer Pferd seiner Natur entsprechend strebt, konditioniert sich das Tier selbst. Da Buckeln mit Ruhe belohnt wird, muss es das richtige Verhalten sein. Pferde brauchen nur ein bis drei Erfahrungen, um das Erlebte als gelernt abzuspeichern.

Harmonie ist die Ausnahme: Die Rappstute Perle zeigt sich im Umgang meistens extrem schwierig.

Perle
(5/New-Forest-Stute)

Perle lebt zusammen mit einem Shetlandpony im Offenstall direkt am Haus, gleich hinterm Deich an der Nordseeküste. Die kleine Rappstute ist das, was man ein Familienpferd nennt. Auf der Suche nach einem Verlasspony, mit dem vor allem die Kinder sicher umgehen konnten, fanden die 14-jährige Jukea und ihre Mutter Astrid in der 145 Zentimeter großen, springfreudigen Stute das Pony ihrer Träume. Die Tinte auf dem Kaufvertrag war gerade getrocknet, da stellte sich bei der Ankaufsuntersuchung heraus, dass Perle tragend ist. Selbst die Züchterin gab an, nichts bemerkt zu haben. Der Abholtermin wurde also verschoben, bis das Fohlen abgesetzt werden konnte. Denn sowohl reiterlich als auch in der Pferdehaltung traute sich die Familie eine Stute mit Fohlen noch nicht zu.

Schließlich war es so weit, Perle sollte kommen. Mit zweistündiger Verspätung wurde die Stute von der Züchterin abgeliefert. Bis heute bestreitet sie, dass das Pony jemals Verladeprobleme gehabt hätte. Als Jukea kurz darauf mit

Das Verladethema war bei Perle nur eine von mehreren Schwierigkeiten.

ihrer neuen Stute in den nahe gelegenen Reitverein fahren wollte, um von nun an konsequent Reitunterricht zu nehmen, wurde klar, warum die Züchterin sich verspätet hatte. Perle ging nicht auf den Anhänger. Nichts ging, verschiedene Anläufe endeten mit erfolglosen Lockversuchen, aufgescheuerten Händen, zerrissenen Halftern und Longen. Sobald durch das Ziehen am Halfter Druck auf das Genick der Stute kam, begann sie zu steigen. Alle Unterrichts- und Verladepläne wurden zunächst verworfen.

Aber die Probleme gingen weiter. Perle verhielt sich beim Reiten und Longieren unkooperativ, vertrieb regelmäßig das Shetlandpony vom Futter und zeigte sich allgemein alles andere als umgänglich. Auf der Suche nach Problemlösungen besuchte Jukea einen Jugendlehrgang bei Andrea Kutsch, kehrte euphorisch zurück nach Hause und scheiterte bei dem Versuch, die erklärten Methoden selbst an Perle auszuprobieren. Die Familie sah nur noch eine letzte Lösung: Andrea Kutsch – die Pferdeflüsterin. Ein erstes und gleichzeitig letztes Mal wurde das Pony mit vereinten Kräften auf den Hänger gebracht.

Einschätzung Andrea Kutsch

„Perle ist kein Pferd zum Üben, kein typisches Anfängerpferd. Die kleine Stute hat gelernt, bei Kindern die Führung zu übernehmen, und wird schnell unkooperativ. Zu ihrer Dominanz kommt auch noch der gestörte Hormonhaushalt, der sich in extremer Ungeduld und schneller Aggressionsbereitschaft zeigt. Die Untersuchung durch den Arzt hatte den Verdacht auf einen stark erhöhten Östrogenspiegel bestätigt, der kurzfristig medikamentös korrigiert werden konnte. Daraufhin wurde Perle im gesamten Umgang wesentlich ruhiger und entspannter. Die Rappstute weiß genau, was man von ihr will, und wird hochgradig ungeduldig, wenn der Mensch nicht ebenso schnell auf ihre nonverbale Reaktion eingeht. Perle ist eine sehr ernste Stute, die ihren Job gut macht, aber auch eine konsequente Hand benötigt. Jedes Pferd ist eine ganz eigene Persönlichkeit mit einer ganz eigenen Sensibilität, auf die der Mensch eingehen muss, wenn er die Zufriedenheit des Pferdes garantieren will. Für Jukea und Perle wäre es am besten, wenn das Mädchen erst einmal an einem einfacheren Pferd mehr Erfahrung unter Aufsicht sammeln könnte. Perle sollte parallel dazu von professioneller Hand betreut werden, sodass aus beiden ein sicheres und starkes Team werden kann."

Training

Schon nach der ersten Vertrauensarbeit ist Andrea Kutsch eine entscheidende Tatsache klar. Das ungeduldige und aggressive Verhalten der Stute ist nicht allein auf erlernte Verhaltensmuster zurückzuführen. Die Untersuchung des Arztes bestätigt die Vermutung: Perle hat einen gestörten Hormonhaushalt, einen deutlich erhöhten Östrogenspiegel. Nachdem dieser medikamentös korrigiert werden konnte, zeigt sich die Stute bereits wesentlich entspannter und kooperativer im gesamten Umgang.

In der nonverbalen Kommunikation der Pferde macht Perle unmissverständlich deutlich, was sie will – und was sie ist. Die Rappstute versteht auf Anhieb, was von ihr gefordert wird, und kommt dieser Forderung auch nach, um dann aber ihrerseits Ruhe einzufordern, wenn sie es für richtig hält. Das fordert eine konsequente Hand. Versteht der Mensch ihre Kommunikation nicht und fragt wieder und wieder dieselben Handlungen an, wird sie ungeduldig und beendet die Kooperation.

Der Verdacht auf einen stark erhöhten Östrogenspiegel konnte medizinisch bestätigt werden.

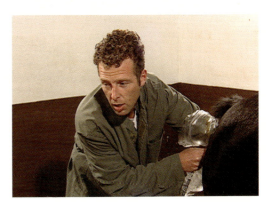

Weil Perle schnell ungeduldig wird, trainiert ihre Besitzerin zunächst mit Julia Köhling das richtige Führen.

Völlig problemlos lässt sich die Stute auf den Anhänger führen.

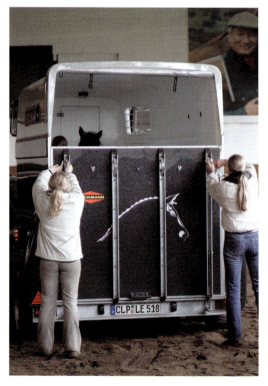

Dementsprechend zielorientiert wird ihr Training ausgelegt. Schnell begreift Perle, dass ihre Aufgabe darin besteht, auf den Hänger zu gehen. Sie geht ohne ein Zögern hinauf und steht ruhig. Mehrfaches Ein- und Ausladen hingegen lässt die Stute ebenso negativ reagieren wie ein unsicherer Führer. Die schnelle Auffassungsgabe und Ungeduld des Pferdes fordern auch für Jukea ein besonderes Training. Nicht am Pferd, sondern mit Trainingsassistentin Julia Köhling übt sie das richtige Führen auf den Anhänger.

Pferde sind Tiere der Synchronisation. Als Fluchttiere können sie den Puls und Adrenalinspiegel ihres Gegenübers sogar auf einige Distanz wahrnehmen. Der Wille des Menschen vermittelt sich dem Pferd durch seine Körperhaltung, ebenso aber durch seine innere Verfassung. Angst, Nervosität und Unsicherheit werden umgehend wahrgenommen. 80 Prozent der menschlichen Kommunikation sind laut Humanpsychologie nonverbal.

Der Trainingsabschluss sieht eine dementsprechend konzentrierte Performance vor. Jukea soll ihr Pferd ohne zu zögern auf den Hänger führen, die Klappe wird geschlossen und die Familie fährt unmittelbar los, um für das Pferd im Hänger keine Missverständnisse durch weiteres Warten zu verursachen. Genau so geschieht es. Staunend und zu Tränen gerührt verlässt die Familie die Pferdeflüsterin.

Statement Besitzer

„Perle ist ein sturer Dickkopf. Was sie sich vorgenommen hat, setzt sie auch mit allen Mitteln durch. Nicht nur beim Verladen, auch beim Reiten. Wenn sie keine Lust mehr hat, bleibt sie schon mal stehen. Sie lässt sich von mir auch kaum longieren. Anscheinend sieht sie darin keinen Sinn und kommt lieber zu mir in die Mitte."

„Nach dem Jugendlehrgang bei Andrea Kutsch kam ich völlig begeistert nach Hause und wollte das Gelernte bei Perle umsetzen. Sie hat kein Interesse an mir gezeigt und einfach nicht mitgemacht. Ich habe versucht, meine Enttäuschung hinunterzuschlucken."

Der siebenjährige Wallach Dreamer hat im Umgang ein sanftes Wesen, wird aber durch seine stark ausgeprägte Plastikphobie zu einer regelrechten Gefahr für seine Reiterin.

Dreamer
(7/Mecklenburger)

Der siebenjährige Dreamer ist mit einem Stockmaß von 1,80 Meter eine ebenso stattliche wie schwungvolle Erscheinung, die sich die 1,64 Meter große Sandra vor einem Jahr zulegte. Die Freizeitreiterin suchte ein Verlasspferd, ging gern ins Gelände und hatte wenig Interesse an den Turnierplätzen und Dressurvierecken dieser Welt. Dreamer sagte ihr auf Anhieb durch sein sanftes Wesen zu. Beim Proberitt im Gelände wurde sie vom Vorbesitzer geführt. Sie dachte sich nichts dabei. Nach einem Monat passierte der Unfall: Zum ersten Mal auf dem Außenplatz, zeigt sich Dreamer extrem nervös und angespannt. Plötzlich erschrickt er, springt zur Seite, die Reiterin rutscht vor den Sattel auf den Hals. Ein Kopfschütteln und sie liegt vor den Füßen des 1,80-Meter-Pferdes. Beim Wegspringen landet ein Huf im Gesicht der Reiterin. Nasentrümmerbruch, Schädeltrauma und eine sieben Zentimeter lange Narbe über Stirn und Nase. Nach zweiwöchigem Klinikaufenthalt führte Sandras erster Weg zu ihrem Pferd.

Wie sich herausstellte, reagiert Dreamer absolut panisch auf jede Form von Plastik und alles, was in irgendeiner Form raschelt. Geradezu blind vor Angst rast er los, sieht nichts und niemanden und kommt erst nach einem gewissen Fluchtweg wieder zum Stehen. Seine Besitzerin wusste nicht weiter.

Weil der Wallach zudem aufgrund seiner Größe enormen Schwung unter dem Sattel entwickelt, ist er entsprechend schwer auszusitzen. Unterricht machte Sandra nicht zuletzt aus diesem Grund keinen Spaß mehr. Im Gelände wurde Dreamer mit seiner ausgeprägten Plastikphobie zu einer ernsten Gefahr für seine Reiterin und auch einen fremden Beritt konnte sich die Besitzerin auf Dauer nicht leisten. Dreamer zu Andrea Kutsch zu bringen sah Sandra als einzig möglichen Ausweg.

Einschätzung Andrea Kutsch

„Dreamer hat ein ernstes Problem mit Plastik. Die Folgen dieser Angst machen ihn auch im Zusammenhang mit seiner Größe und den beschlagenen Hufen für seine Besitzerin geradezu gefährlich.

Die Arbeit mit Dreamer war reizvoll und intensiv. Angefangen haben wir bei seiner Gewichtsproblematik. Vier Mahlzeiten am Tag, Mash, Elektrolyte. Nichts setzt auf seinen Rippen an. Wie sich später herausstellte, hatte er Blutwürmer. Das klare Ziel des Trainings war es, seinen Fluchtreflex im Zusammenhang mit Plastik abzubauen. Dreamer ist in seiner Panik und explosionsartigen Flucht geradezu blind und würde einen Menschen durchaus umrennen. In diesem Zustand ist er außer Kontrolle.

Der eigentliche Stimulus für seine Angst ist dabei nicht präzise zu bestimmen. Wir finden nicht heraus, wo ganz genau Dreamers Problem lokalisiert ist, wo der „eigentliche" Knackpunkt sitzt. Zu vermuten ist, dass er einmal einen Unfall hatte, bei dem Plastik in seinem Beinbereich eine Rolle gespielt haben muss. Schritt für Schritt führen wir Dreamer an das Thema Plastik heran, schaffen die verschiedensten Trainingssituationen. Plastikkanäle, ausgelegter Hallenboden – mithilfe unterschiedlichster Konstruktionen wird Dreamer mit Plastik konfrontiert.

Klar bleibt dabei, dass er ein langfristiges Trainingsprogramm von mindestens sechs Monaten Dauer absolvieren müsste, um im Gelände nicht mehr bei der kleinsten Konfrontation mit Plastik wieder loszuspringen. Die Angst ist ganz tief in diesem Pferd verankert, auch wenn er die abgefragten Trainingsübungen zufrieden stellend absolviert. Einmal drehte ich seinen Kopf nach einem erfolgreichen Training an der Doppellonge ganz leicht nach links, um ihn dort ein Stückche Plastik wahrnehmen zu lassen. Panikartig sprang er in meine Seite und stürmte davon. Damit war klar, dass Dreamer seinen Hals deshalb nicht nach links biegt, um die Dinge auf der rechten Seite nicht aus dem Auge zu verlieren. Er hat panische Angst vor allem, was von rechts kommt.

Die Schwierigkeiten, den Hals leicht zu biegen, sind bereits vorher auffällig gewesen. Sie sahen zunächst nach einem muskulären Problem aus, sind aber in der Kombination mit Plastik zusätzlich von einer psychologischen Komponente aus zu betrachten.

Rundum wurde das Pferd in kleinsten Schritten mit dem Angst auslösenden Material konfrontiert und beobachtet – auch in der Box. Weil wehendes Plastik besonders intensiv auf Dreamer wirkt, haben wir einen Ventilator in der Stallgasse aufgebaut. Insgesamt eine Entwicklung, die in mehreren Wochen und kleinsten Schritten vonstatten ging – also auf gar keinen Fall zur Nachahmung zu empfehlen ist.

Diese so genannte systematische Desensibilisierung – auch Konfrontationstherapie genannt – dient dem gezielten Verlernen von Ängsten. Das Pferd wird ganz allmählich und sukzessive mit einem Furcht erregenden, aber zu bewältigenden Reiz konfrontiert. Ausgangspunkt dieser Konfrontation ist eine entspannte Situation mit ruhigem Puls und niedrigem Adrenalinspiegel. Da sich Angst und Entspannung gegenseitig ausschließen, verlieren die minimalen Schritte der Angstkonfrontation so ihre Gefahrenreize – Schritt für Schritt wird die Angst gelöscht. Bei einer massiven Konfronta-

tion mit der Angstsituation spricht man von Flooding.

Angst, Scheuen und oder Nervosität sind die am häufigsten angegebene Problematik bei Pferden. Angst und Furcht gehören dabei zur biologischen Grundausstattung von Lebewesen und sind Teil ihres Lebensalltags wie das Atmen. Als Alarmfunktion mobilisiert die Angst wichtige Kräfte und garantiert so Schutz und Lebenserhaltung. Ebenso kann Angst Leistung und Motivation steigern – Wachheit, Konzentration und Sorgfalt nehmen zu.

Vor allem fliegende Objekte lösen in Pferden immer wieder panikartige Flucht aus. Die Ursache dafür ist natürlicher Art und in der Evolutionsgeschichte des Pferdes zu suchen. Über Jahrmillionen waren die Pferde nicht größer als ein heutiges Kaninchen. Zu den gefährlichsten und gefürchtetesten natürlichen Feinde zählten Greifvögel. Evolutionsgeschichtlich braucht das Pferd kleine, schnelle Tiere oder fliegende Objekte erst „seit kurzem" nicht mehr zu fürchten. Vieles, was dem großen Pferd von heute noch Angst macht, war für seine kleinen Vorfahren über einen Zeitraum von Millionen von Jahren absolut lebensbedrohlich. Dieser Instinkt ist bis heute tief in den Tieren verankert.

Stundenlang haben wir bei Dreamer die kleinsten Verbesserungsschritte beobachtet und nächtelang vor seiner Box gesessen, um ihn lesen zu können – um zu sehen, wie er mit der Situation umgeht und seine Ängste verarbeitet. Fest steht: Um eine nachhaltige Heilung des Pferdes zu erreichen, wäre ein intensives, monatelanges Training auch über die Dreharbeiten hinaus unumgänglich gewesen."

Dreamer

Dreamer soll lernen, allein über das Plastik zu gehen. Weil die Sicherheit der Doppellonge nun fehlt, unterstützen Gitterelemente die Orientierung nach vorn.

Training

Die Plastikangst des Wallachs erweist sich als tief sitzend, hartnäckig, schier unbesiegbar. Was ist diesem Pferd geschehen, dass es zu einer so ausgeprägten Phobie kommen kann? Die Vertrauensarbeit legt auch bei Dreamer die Basis für eine kooperative und vertrauensvolle Partnerschaft zwischen Mensch und Pferd – ihm und Andrea Kutsch. Ein schrittweises Annähern an den Kern, den Ursprung und Auslöser der Phobie bleibt ein Erfolg auf Zeit. Immer wieder gerät der Wallach in panikartige Zustände, macht kleine Fortschritte, die schon kurze Zeit später wieder durch gravierendes Angstverhalten relativiert werden.

Der Erfolg ist schließlich erstaunlich. Dreamer lässt sich über Plastik führen und reiten, lebt in einer vollständig mit Plastik ausgekleideten Box, das durch Ventilatoren bewegt wird, nimmt Plastik an und rund um seinen Körper gelassen hin

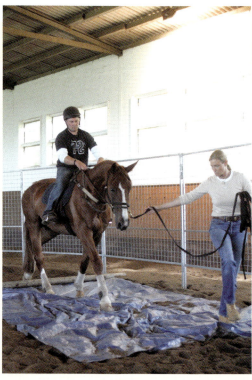

Weiter geht die Politik der kleinen Schritte. Erlernte Wiedererkennungswerte, die Schutz und Sicherheit bieten, müssen immer wieder in die einzelnen Trainingsschritte eingebaut werden, um eine Überforderung des Pferdes auszuschließen. Nur so wird ein kontinuierlicher Lernprozess etabliert (wie zum Beispiel ein vorangehender Mensch oder wiederkehrende Gitterelemente).

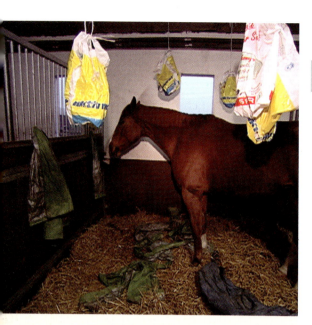

Plastik so weit das Auge reicht. Dreamer zeigt keinerlei Beunruhigung mehr.

Statement Besitzer

„Ich wollte eigentlich nie ein junges Pferd. Schon als Kind bin ich geritten, hatte verschiedene Reitbeteiligungen, habe dann aber lange ausgesetzt. Ich bin eine ganz normale Freizeitreiterin, die gern ins Gelände geht, mal ein paar Sprünge macht, aber keine ehrgeizigen Ziele verfolgt."

„Mein Vater war gegen ein altes Pferd, da diese so oft verritten sind. Also lieber ein junges und dafür etwas Geld in den Beritt investiert."

„So ein Lieber kann charakterlich gar keine Mängel haben."

„Beim Proberitt hatte man mich im Gelände geführt. Heute weiß ich warum. Aufgeklärt hat mich beim Kauf niemand."

„Er hat es ja nicht mit Absicht gemacht. Da sind viele blöde Dinge gleichzeitig passiert. Ich habe keine Angst vor ihm, aber auf jeden Fall mehr Respekt."

„Dieses ruhige Ambiente auf dem Hof und in der Halle hilft ihm ja bereits sehr. Das ist auf unserem unruhigen Hof sicher schwerer. Ich hoffe, später auch alles umsetzen zu können."

und wird nicht nervös, wenn sein Reiter einen Regenschirm schwenkt. Bei einer plötzlichen Konfrontation im freien Gelände aber – etwa einer aufwehenden Plastiktüte – würde die in der Kürze der Trainingszeit erreichte Desensibilisierung vermutlicherweise jedoch noch nicht greifen, weil die Stimuli bis in die letzte Konsequenz und Erscheinungsform hinein trainiert, dass heißt positiv überdeckt und damit desensibilisiert, werden müssten. Eine Aufgabe, die nur mit einem monatelangen Trainingsumfang zu leisten ist.

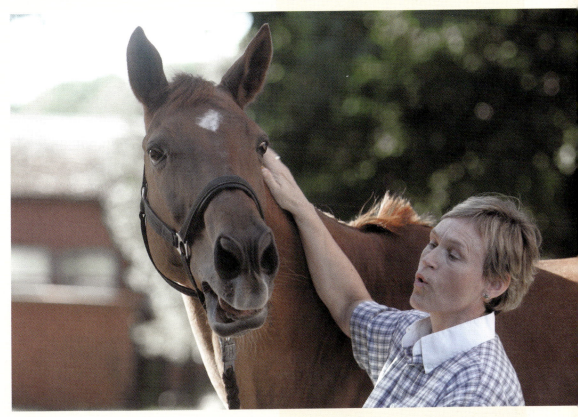

In fremder Umgebung ist der Wallach nervös und „guckig".

Hypericon
(13/Trakehner)

Der Trakehnerwallach Hypericon, genannt Puck, ist seit neun Jahren in den Händen seiner Besitzerin Christiane. Ihr Sohn ritt ihn vierjährig vorsichtig ein, Pferd und Reiterin waren in einer Art Symbiose zusammengewachsen, die sich im Positiven wie im Negativen auswirkte. Starkes Vertrauen und eine tiefe Zuneigung der Besitzerin zu ihrem Pferd verband die beiden auf der einen Seite. Andererseits übertrug sich die zeitweilige Nervosität und der Stress der Besitzerin sofort

43

auf das Pferd. Schon in jungen Jahren zeigte sich Puck als hochsensibel, „guckig" und neugierig. Bis heute muss der Wallach, den Christiane nach eigener Angabe allein bis auf M-Niveau in der Dressur ausbildete, erst einmal alles in Ruhe betrachten, bevor er es akzeptiert. Diese Zeit bekommt er auch – Ausdruck der grundlegenden Einstellung, die seine Besitzerin schon immer für ihre Pferde hatte.

Sein großes Dressurtalent zeigte Puck allerdings nur auf Haus- und Nachbarturnieren. Er hatte Probleme, auf den Anhänger zu gehen. Das Verladen wurde zur Lotterie. Mal ging das Pferd nach einigen Versuchen auf den Hänger, in den meisten Fällen allerdings weigerte er sich beharrlich. Sobald von hinten der geringste Druck aufgebaut wurde, stieg Puck. Selbst in Momenten bewusster Ruhe beim Verladevorgang schnaubte er ängstlich und stemmte sich gegen die Verladerichtung. Christiane wurde jede Fahrt zu Turnieren zu riskant. Selbst wenn sich das Pferd zu Hause verladen ließ, musste sie befürchten, auf dem Turnierplatz vor unlösbaren Problemen zu stehen. Sie selbst hat keine Angst vor dem Verladen. 20 Jahre Reiterpraxis haben Routine und Sicherheit hinterlassen.

Völlig ratlos, aber auch sicher, keine Gewaltverfahren anwenden zu wollen, nahm sie schließlich an einem Informationstag bei Andrea Kutsch auf Hof Hellerholz teil und war begeistert. Sie war sicher, dass Puck und ihr hier geholfen werden kann. Weil ihr Stall ganz in der Nähe ist, konnte sie sogar auf neuerliche Verladeversuche verzichten und Puck zum Training bei der Pferdeflüsterin reiten.

Einschätzung Andrea Kutsch

„Puck ist ein nervöses, hoch im Blut stehendes Pferd. Sobald er dazu aufgefordert wird, in den Anhänger zu gehen, signalisiert er Angst und weigert sich. Er braucht eine ruhige, sichere, selbstbewusste Betreuung durch seine Besitzerin. Sein Fluchtinstinkt ist extrem ausgeprägt, alles Neue ist zunächst ein Alptraum für ihn. Seine Besitzerin engagiert sich intensiv, um diesem Pferd gerecht zu werden, und ist bereit zu lernen. Im Hinblick auf das Verladen hat Puck viele stressbesetzte Erfahrungen gemacht und zeigt entsprechend antrainierte Negativreaktionen. Diese Verhaltensmuster müssen kompetent umkonditioniert werden.

Das Pferd reagiert besonders stark auf jede Geste und Körperbewegung, die der Mensch macht. Er zeigt überdeutlich, dass wir zwei verschiedene Spezies sind: der Mensch ein Raubtier, das Pferd ein Fluchttier. Entscheidend ist, einem solch sensiblen Pferd Sicherheit und Schutz zu geben. Pucks Tendenz zur permanenten Fluchtbereitschaft und dazu, immer auf der Hut zu sein, signalisiert mir, dass er sich den Menschen in seinem Umfeld nicht wirklich anvertraut. Er wirkt führungslos und unsicher, da seine Besitzerin mehr auf ihn reagiert, als ihm Führung zu bieten.

Spannenderweise ändert sich das Bild vollkommen, wenn man Puck in seinem eigenen Stall, in seinem vertrauten Umfeld sieht. Das außerhalb so nervöse Tier strahlt hier eine gelassene Ruhe aus, er signalisiert Wohlbefinden.

Innere und äußere Ruhe und Sicherheit im Umgang mit Puck spielen vor allem in fremden Situationen eine entscheidende Rolle. Auf verbale Kommunikation sollte dabei möglichst ver-

Hypericon

zichtet werden. Sprache gehört nicht zum Verhaltensrepertoire der Pferde, wird nicht verstanden und ist in vielen Fällen kontraproduktiv. Stattdessen sollte eine ruhige Körpersprache und Ausstrahlung im Vordergrund stehen. Pferde im Allgemeinen und gerade so hochsensible Tiere wie Puck sind in der Lage, hinter die Fassade einer künstlich ruhigen Körpersprache zu schauen und die wirkliche innere Verfassung des Menschen zu spüren."

Training

Intensiv und besonders ausführlich begann das Training für Hypericon mit der fundamentalen Vertrauensarbeit. Nur der Blick in Richtung Transporter reichte, um das Pferd in einen angespannten und nervösen Zustand zu versetzen. Das Senken des Pulses und Adrenalinspiegels ist für Andrea Kutsch in dieser Situation erstes Ziel. Nur aus einem Szenario der Ruhe und Gelassenheit heraus lassen sich die weiteren Lernschritte aufbauen. Ist der Adrenalinspiegel hoch, geht der Lernpegel herunter.

Der Adrenalinspiegel des Pferdes steigt an, wenn es – wir erinnern die zwei Ziele in der Natur des Pferdes, Überleben und Fortpflanzen – um sein Leben fürchtet. Ein erhöhter Adrenalinausstoß im Pferdekörper führt zu erhöhtem Sauerstoffverbrauch des Körpers. Das Tier ist in Alarmbereitschaft und fluchtbereit. In diesem Zustand ist das Pferd nicht in der Lage zu lernen. Sein

Sobald sich die Longe strafft und Hypericon leichten Druck auf dem Genick spürt, bewegt er sich massiv in diesen Druck hinein und steigt.

ureigenes Ziel, Überleben, überdeckt alle von außen einwirkenden Stimuli.

Im Sinne der systematischen Desensibilisierung, die auch Teilerfolge belohnt und nicht darauf aufbaut, Fehler zu bestrafen, nähert Andrea Kutsch das Pferd langsam dem Anhänger an. Sobald sich die Longe strafft, steigt Puck. Unbeeindruckt davon, ruhig und mit niedrigem Puls hält die Trainerin ihn vor dem Anhänger in steter Bewegung. Puck konzentriert sich vollkommen auf seine Trainerin, synchronisiert mit ihrer Fußfolge und bemerkt durch diese Ablenkung kaum das Annähern an den Angst einflößenden Hänger. So folgt er schließlich in den Transporter. Zur Unterstützung werden Gitterelemente eingesetzt, die den Raum nach hinten und seitlich der Verladerampe begrenzen, sodass sich das Pferd nach vorne konzentriert.

Ein Pferd hat sechs Richtungen, in die es sich bewegen kann: oben, unten, rechts, links, vorne, hinten. Intrinsisch soll das Pferd lernen können, dass der Angst einflößende Stimulus keine negative Belastung mehr hat. Es wird also mit dem Stimulus auf einer Ebene konfrontiert, die es sowohl physiologisch als auch emotional bewältigen kann. Da das Pferd zunächst versuchen wird auszuweichen, wird es durch die Einschränkung seiner Wahlmöglichkeiten geführt und damit unterstützt. Die möglichen Bewegungsrichtungen werden auf „vorne" und „hinten" begrenzt. Auch wenn die Gitterelemente hinten geschlossen werden, bleibt dem Pferd dennoch genug Platz, nach hinten aus dem Hänger zu gehen und sich mitzuteilen. Es wird kein Zwang ausgeübt, unabdingbar gilt die Prämisse der fairen Zweiwegkommunikation. Keine Geste der Beunruhigung darf hier übersehen werden und mit unbedingter Ruhe wird das Pferd mit dem Stimulus konfrontiert, sodass es lernen kann, sukzessive seine Angst zu bewältigen. Ein Ausweichen nach rechts und links wird durch die Gitterelemente ausgeschlossen – es bleiben vier mögliche Richtungen als kommunikatives Element.

Wieder und wieder wird das flüssige Gehen auf den Anhänger geübt. Stockt der Wallach anfangs noch, folgt er Andrea Kutsch nach einiger Zeit in ruhiger Gelassenheit. Beim nächsten Verladetraining – diesmal ohne unterstützende Gitter – versucht der Wallach seitlich auszubrechen. Die Konzentration der Trainerin liegt vollkommen auf der nonverbalen Sprache des Tieres. Bereits im Ansatz erkennt sie seine Reaktionen und kann im Bruchteil von Sekunden im Rahmen der Konditionierung korrigierend oder bestätigend einwirken.

Ruhiges Stehen auf dem Anhänger ist die nächste Lernaufgabe für den Trakehnerwallach. Jedes Geräusch von außen verunsichert ihn und versetzt ihn in Schrecken. Dass es sich hierbei nicht ausschließlich um ein Verladethema, sondern eine allgemeine Disziplinschwäche des Pferdes handelt, ist schnell erkannt. Dementsprechend arbeitet Andrea Kutsch am vollkommen ruhigen Stehen des Pferdes, bevor der letzte Schritt – das Schließen der Klappe – trainiert wird.

Mit Erfolg. Auf Anhieb kann auch die Besitzerin ihr Pferd problemlos auf den Anhänger führen, wo Puck ruhig stehen bleibt. Klar ist Christiane eins: Das Lernen geht für sie und Puck im heimischen Stall weiter, bis das Verladen zu einer vollkommenen Selbstverständlichkeit für das Pferd geworden ist. Hier muss der Mensch mitlernen und seine eigenen alten Verhaltensmuster ablegen. Jedes Verfallen der Besitzerin in alte, unsichere Bewegungsabläufe kann in der Assoziation des Pferdes wieder das alte Verhalten auslösen.

Statement Besitzer

„Ja es stimmt, unsere Stimmungen hängen unglaublich voneinander ab."

„Ich reite seit meiner Kindheit. Heute vor allem Dressur, in meiner Jugend auch viele Jagden. Vor 20 Jahren habe ich mein damaliges Pferd fast alleine bis zur Klasse S ausgebildet. Puck geht bereits M-Lektionen."

„Auch wenn ich in aller Ruhe mit ihm übe, schnaubt er ängstlich. Er hat dann einen Gesichtsausdruck, als würde es ihn gar nicht interessieren. Selbst wenn ich zu Hause verladen ließe, hätte ich Angst, ob er auf einem fremden Turnierplatz überhaupt noch auf den Anhänger ginge."

„Ich war begeistert vom Informationstag auf Hof Hellerholz. Hier könnte Puck und mir geholfen werden."

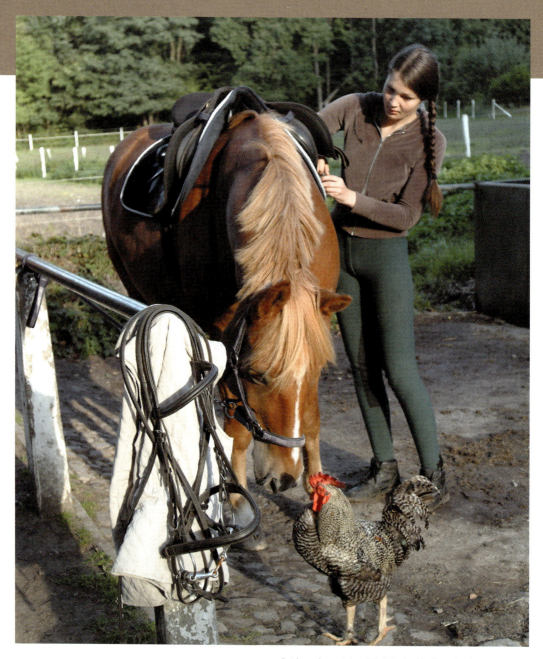

Petri war lange Jahre Schulpferd – bis ihn seine heutige Besitzerin vor dem Abdecker rettete.

Petri
(12/Haflingermix)

Vier Jahre lang wurde der Haflinger Petri als Schulpferd eingesetzt, bevor ihn seine heutige Besitzerin kaufte. Sie selbst ritt bereits über sechs Jahre in dem Verein, dem der 1,48 Meter große Wallach gehörte. Petri galt als extrem „faul", bald war Svenja die Einzige, die noch auf dem Pony ritt. Sie kam zurecht mit Petri, wollte ihn sogar kaufen. Der Verein lehnte ab. Als bei dem Haflinger eine Stauballergie diagnostiziert wurde, war sein Weg zum Schlachter vorgezeichnet. Zu aufwendig war es dem Verein, das Heu für Petri zu waschen. Svenja wiederholte ihren Kaufwunsch – unter den neuen Umständen bekam sie den Zuschlag. Für Svenja war Petri das zuverlässige Freizeitpferd, sie möchte ins Gelände, Turnierambitionen hat sie nicht.

Nach einem halben Jahr kam die Überraschung: Petri trabte nicht mehr an. Schritt war die einzige Gangart, in der sich das Pferd bewegen ließ. Doch Svenja erteilte möglicher Gewalt und drastischen Maßnahmen, die das Pferd ohnehin aus dem Schulbetrieb kannte, ein klare Absage. Stattdessen suchte sie Rat bei Tierärzten und Chiropraktikern. Leicht verkantete Wirbel hinter der Sattellage lautete die Diagnose. Aber: Dieser Befund war laut den Spezialisten definitiv nicht der Grund für die Tempoverweigerung des Haflingers. Petri wurde Doppellongenarbeit verordnet. Gerne und zügig ging er voran, dehnte sich in die gewünschte Vorwärts-abwärts-Haltung. Unter dem Sattel jedoch blieb Schritt seine einzige Gangart. Scheinbar nichts konnte ihn zum Antraben bewegen. Im allgemeinen Umgang zeigte Petri derweil keinerlei Veränderungen. Als nach wie vor „völlig problemlos und lieb, zutraulich und kooperativ" schilderte ihn seine verzweifelte Besitzerin Andrea Kutsch.

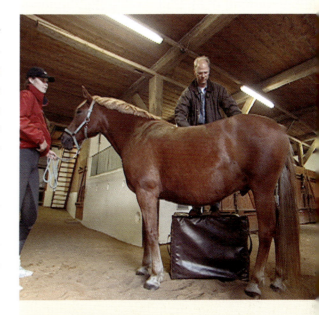

Doppellongenarbeit als Gymnastik und zur psychologischen Motivation

Einschätzung Andrea Kutsch

„Wir sehen hier ein klassisches Beispiel für eine so genannte Densensibilisierung. Ein trainiertes Verhalten durch die ständig wechselnden Reitschüler. Der Wallach hat gelernt: Je stärker der Schenkel drückt, desto weniger werde ich aufgefordert, mein Tempo zu erhöhen. Viele Schulpferde haben gelernt, sofort stehen zu bleiben, wenn ihr Reiter herunterfällt. Als klares Zeichen dafür, dass dieser Moment kurz bevorsteht, haben sie das Klammern und Festhalten des Reiters erkannt. Für Petri heißt Klammern und Drücken: Du sollst stehen bleiben. Nun hat seine Besitzerin als Reitanfängerin selbst einen sehr klammernden und fest gehaltenen Sitz. Also bleibt Petri stehen. Zunächst werden wir also Petris Reaktion auf den Schenkeldruck umkonditionieren und ihm beibringen, dass der Schenkeldruck ein Signal zur Vorwärtsbewegung ist. Im zweiten Schritt muss die Reiterin lernen, sich in kleinen Schritten weiterzuentwickeln. Für sie sollte der weitere Weg mit Reitunterricht und einer Sitzschulung beginnen. Außerdem muss sie lernen, wirklich die Führung in dem Zweierteam zu übernehmen.

Aus lauter Begeisterung darüber, dass ihr Pferd nach dem Training wieder vorwärts geht, war Svenja selbst über ein Durchgehen des Wallachs glücklich. Durchgehen aber bedeutet für den Reiter einen ebensolchen Kontrollverlust wie das Stehen bleiben. Die Reiterin muss in jedem Moment diejenige sein, die das Tempo bestimmt.

Bei der Umkonditionierung von Pferden muss man sich im Klaren darüber sein, dass sich das Tier in einem Prozess befindet. Jede Übertreibung muss unterbleiben, damit sich das Gelernte festi-

gen kann. Petris Besitzerin war so glücklich über die neue Gehfreude ihres Pferdes, dass sie ihn in euphorischer Freude zu lange und völlig nass ritt. Eines Abends war es dann so weit. Weinend stand die Reiterin bei uns im Flur: Petri ging nicht mehr vorwärts. Ich habe mich selbst auf den Haflinger gesetzt und in der Tat den gleichen Befund wie zu Beginn des Trainings vorgefunden: Ein unmotiviertes Pferd, das über das wiederkehrende Signal „starker, anhaltender Schenkeldruck" verwirrt war. Petris Besitzerin muss lernen, ihren Schenkeldruck zu kontrollieren. Er darf nur Signal und Stimulus zur Vorwärtsbewegung sein und muss beendet werden, sobald das Pferd vorwärts geht. Wird der Stimulus unkontrolliert appliziert oder entfernt, obwohl das Pferd nicht die richtige Reaktion zeigt, entsteht Verwirrung.

Positiv war, dass Petris Besitzerin ganz bewusst noch etwas länger bei uns geblieben ist, um selbst Anleitung und Unterricht zu bekommen und zu lernen, wie sie für sich und Petri die gemeinsame Arbeit mit mehr Freude, Spaß und Motivation gestalten kann. Für die weitergehende Arbeit zu Hause wird die Besitzerin jedoch selber Sorge tragen müssen."

Petris Reiterin lernt, den Schenkeldruck nur als Stimulus zum Tempowechsel einzusetzen und nicht klammernd auf dem Pferd zu sitzen, was dieses wieder in die alten Verhaltensschemata zurückfallen lässt.

Training

Aus der eingangs absolvierten Vertrauensarbeit kommt Petri mit einer sehr offenen, zugewandten Einstellung, die sich auch beim folgenden Training an der Doppellonge zeigt. Vom Boden aus arbeiten Andrea Kutsch und Julia Köhling an der sofortigen Umsetzung von Tempoanfragen. Die einzigen Hilfsmittel: Körpersprache und -position sowie motivierende Doppellongenarbeit. Der Haflinger reagierte ausgezeichnet, setzte die gegebenen Signale der nonverbalen Kommunikation umgehend um. Der Blick Auge in Auge und die geöffnete Hand bewegen ihn vorwärts, der abgewandte Blick und die geschlossene Hand verlangsamen ihn.

Im nächsten Arbeitsschritt sitzt Andrea Kutsch auf dem Pferd, während ihn Julia Köhling in der nonverbalen Kommunikation, der Sprache der Pferde, vom Boden aus antrabt. Andrea Kutsch ist nur Passagier, wirkt nicht auf das Pferd ein. Sobald er trabt, wird er wieder durchpariert, abgesattelt, in den Stall gebracht. Ruhe als Belohnung. Am nächsten Tag ein ähnliches Bild: Andrea Kutsch sitzt auf, Julia trabt ihn durch die Körpersprache vom Boden aus an und Andrea integriert zeitgleich einen kurzen Schenkeldruck als reiterlichen Stimulus. Über die Konditionierung wird also versucht, einen Stimulus zweiter Ordnung zu etablieren. Andrea Kutsch: „Im ersten Schritt konditionieren wir auf den Impuls von unten. Dann integrieren wir gleichzeitig einen Impuls von oben und können dann sukzessive den ersten Teil – Julias Aktion vom Boden – entfernen, sodass ein Antraben allein durch Schenkeldruck möglich wird."

Am dritten Tag genügt bereits ein minimales Anspannen der Waden: Petri trabt.

Petri ist ein klassischer Fall der Konditionierung. Als Schulpferd hat er gelernt: Je stärker der Schenkel drückt, desto langsamer muss ich werden. Was ihn antreibt, ist die laute Stimme des Reitlehrers in der Mitte der Halle. Gut ausgebildete Schulpferde bleiben stehen, wenn ein Reiter herunterfällt. Vor dem Fallen steht oftmals ein Festklammern des Reiters. Klammern und Drücken wird vom Pferd mit dem Impuls assoziiert stehen zu bleiben. Petri kann kein Fehlverhalten vorgehalten werden. Im tatsächlichen Falle eines Sturzes wäre und war sein Verhalten in dieser Form gewünscht. Nun geht es darum, klare neue Signale zu konditionieren und zu etablieren.

Was Petri neu erlernt, ist die Bedeutung der Schenkelhilfe als Signal zum Antraben, also die Umkehrung dessen, was in seiner alten Kondi-

Zügig geht der Haflinger, dessen einzige Gangart unterm Sattel Schritt war, voran.

tionierung die Regel war. In der Fachsprache wird dieser Prozess „Reversal Shift" genannt.

Im Umgang mit Pferden wie Petri spielt die im Training erzeugte Motivation für das Pferd eine entscheidende Rolle. Dass Petri wieder trabt und galoppiert, sollte nicht dazu einladen, ihn Runde für Runde monoton zu arbeiten. Abwechslung und Herausforderung sammeln wichtige Motivationspunkte für das Pferd.

Statement Besitzer

„Zum Schluss war ich immer diejenige, die Petri reiten musste, weil kein anderer ihn wollte. Bei mir machte er gut mit."

„Man konnte ihm richtig ansehen, wie er langsam realisierte, dass die Zeiten besser wurden, er nicht mehr schlecht behandelt und vorwärts geprügelt wurde."

„Ich wollte sicher sein, dass bei ihm körperlich alles in Ordnung ist, und holte einen Tierarzt."

Der Haflinger Neptun und seine Besitzerin sind ein gutes Team. Nur beim Thema Anhänger stellt Neptun auf „stur".

Neptun
(8/Haflinger)

Verena und der achtjährige Haflinger Neptun sind das, was man ein Traumpaar nennt. Als sie den Wallach vor fünf Jahren bekam, wusste sie nicht, wie roh Neptun eigentlich noch war. Vertrauensvoll ließ sich die sonst eher ängstliche Reiterin auf das Pferd ein – und wurde bis heute nicht enttäuscht. Neptun wurde zum Verlasspony, geht vor der Kutsche, im Gelände, im Dressurviereck, selbst kleine Kinder können auf ihm reiten. Nur eins machte Neptun absolut nicht: auf den Anhänger gehen.

Seine Weigerung hatte eine entsprechende Vorgeschichte. Beim ersten Abladen stürzte er auf dem Anhänger. Entsprechend zögerlich näherte er sich dem Transporter beim zweiten Verladeversuch. „Hilfsbereite" Menschen sahen in ihm den sturen Haflinger, der mit reiner Gewalt über-zeugt werden musste, auf den Hänger zu gehen. Die Problematik verschärfte sich. Je schlechter er sich verladen ließ, desto unsicherer wurde seine Besitzerin. Drei Mal konnte sie ihn verladen, indem sie mit der Hand Fuß für Fuß in den Hänger setzte, auch eine um die Hinterhand gelegte Longe bewegte ihn einmal in den Transporter und ein vorausgehendes zweites Pferd konnte ihn animieren. Jedes Mal ein Spiel mit ungewissem Ausgang. Verladeversuche in der Stallgasse mit einem Großballen Stroh, den ein Traktor von hinten nachschob, schlugen ebenso fehl wie unzählige weitere Methoden. Aber auch positive Überraschungen lieferte Neptun. So ging er manchmal nach ewigem Stehen vor der Rampe von einer Sekunde auf die andere in den Anhänger. War er einmal oben, stand er ruhig und entspannt, das Schließen der Klappe bereitete keine Schwierigkeiten.

Weil Verena sich seit geraumer Zeit für die Arbeit von Monty Roberts und Andrea Kutsch interessiert, wurden die Verladeprobleme ihres Ponys zum Auslöser für die Fahrt nach Hof Hellerholz. Hier, so hoffte sie, werden ihre Probleme gelöst und lernt sie, in einer neuen Form der Kommunikation mit ihrem Pferd umzugehen.

Einschätzung Andrea Kutsch

„Neptun zeigt sich auf den ersten Blick als Chef im Pferd-Mensch-Team. Wenn er entscheidet, lieber zum Gras neben dem Hänger zu gehen – dann tut er es. Ein Verhalten, das man bei Ponys häufiger beobachten kann. Im Umgang war Neptun sehr distanzlos, wie man es bei Pferden erlebt, die aus der Hand gefüttert werden. Sie gewöhnen sich an, an den Taschen des Reiters herumzuknabbern und zu beißen, um die vermeintliche Belohnung selbst einzufordern. Das Füttern aus der Hand sorgt generell für mehr Nach- als Vorteile. Pferde haben keine Assoziation zu Futter als Belohnung.

Im Hänger selbst hat Neptun Angst. Ständig rechnet er damit, dass etwas von hinten kommt, und befindet sich in absoluter Alarmbereitschaft. Da er bereits die verschiedensten Methoden kennen gelernt hatte, die ihn auf den Hänger bringen sollten, mussten wir viele unterschiedliche Angststimuli korrigieren und überdecken.

Am Ende der ersten Trainingseinheit bewegt uns alle ein ganz und gar anderes Bild: Beim Anblick des völlig gewaltlos und zügig auf den Hänger gehenden Haflingers bricht seine Besitzerin in Tränen aus. Ihr wird in diesem Moment bewusst, wie viel Unheil geschehen ist und dass ihr Traum vom gewaltfreien Umgang mit dem Freund Pferd Wahrheit geworden ist. Andrea Kutsch: ‚Niemand hat das Recht zu sagen, du musst machen, was ich sage, sonst tue ich dir weh.' Auch Verena selbst konnte Neptun auf Anhieb problemlos auf den Anhänger führen. Die beiden sind ein gutes Team. Und sie werden noch besser, wenn weiterhin auf Gewalt verzichtet wird und die Besitzerin zukünftig noch mehr auf ihre Führungsrolle achtet."

Training

Bedingungslose Aufmerksamkeit forderte Andrea Kutsch in der grundlegenden Vertrauensarbeit von Neptun. Mithilfe der Gitterelemente konnte das Pony innerhalb kürzester Zeit verladen, auf dem Anhänger gewendet und ruhig wieder heruntergeführt werden. Das bei kleinen Pferden mögliche Drehen auf dem Hänger erlaubt einen fließenden, ununterbrochenen Bewegungsablauf, ist aber zur Nachahmung keinesfalls zu empfehlen. Neptun zeigt sich kooperativ. Zügig lässt er sich ein- und ausladen. Als jedoch die Gitter umgesetzt werden und den Raum nach hinten weiter freigeben, bleibt er wieder stehen. Die Gitterelemente haben Schutz geboten, ihm konnte nichts passieren – kein Trecker von hinten schieben oder Druck aufgebaut werden. Es gilt, Vertrauen in die „geöffnete" Situation aufzubauen. Der erste Trainingstag endet mit der positiven Note, bei geschlossenen Gitterelementen fließend ein- und aussteigen zu können.

Am zweiten Trainingstag geht Neptun zügig bis vor die Verladerampe, bleibt zunächst stehen und lässt sich mithilfe der Gitterelemente problemlos verladen. Es kann nun auf die Trainingseinheit vom Vortag aufgebaut werden. Pferde nehmen nichts zurück, was sie einmal gegeben haben.

Stück für Stück werden die Gitterelemente nun von hinten geöffnet. Um Neptun eine zusätzliche positive Assoziation zu geben, bekommt er sein Futter ab sofort morgens, mittags und abends auf dem Anhänger und wird danach gleich wieder in den Stall gebracht.

Er wird nicht etwa mit Futter „gelockt", sondern bekommt seine Mahlzeiten auf dem Hänger stehend, um diesen für ihn mit einer positiven Assoziation zu verknüpfen. Futter als Belohnung ist in der Natur der Pferde nicht verankert. Raubtiere kennen das Prinzip, da sie mit einem Beuteinstinkt ausgestattet sind. Das Flucht- und Herdentier Pferd assoziiert Futter nicht als Belohnung oder Beute. Schließlich ist in seiner Jahrmillionen alten Geschichte noch nie ein Grashalm vor ihm weggelaufen.

Am dritten Tag geht Neptun auch ohne unterstützende Gitter flüssig auf den Anhänger, wo er weiterhin dreimal täglich sein Futter bekommt. Geblieben ist die starke Angst vor allem, was von hinten kommt. Sobald ein Mensch hinter dem Hänger vorbeigeht, schießt der Haflinger zurück, sein Futter hält ihn nicht auf dem Anhänger.

Wieder greift die Politik der kleinen Schritte. Eine Szene wird in kleinste Einheiten zergliedert, aufgeschlüsselt und schrittweise – Bild für Bild – wieder zusammengesetzt. Ziel ist es, Neptun an jedem Punkt der Rampe und weitergehend dann auch im Hänger kontrollieren zu können, ohne dass er rückwärts schießt. Zunächst soll er mit beiden Vorderhufen auf die Rampe gehen und dort ruhig stehen bleiben. Sollte er sich jetzt entscheiden, rückwärts in den von ihm erwarteten Druck hineinzugehen, reagiert die Trainerin, indem sie ihm klar macht: „Wenn du rückwärts gehen willst, ist das in Ordnung. Aber dann geh nicht nur ein bisschen, geh richtig." Sie gestaltet die Situation vor der Rampe „unkomfortabel" für das Pferd. Bleibt Neptun hingegen ruhig stehen, bleibt das Szenario ruhig und komfortabel. Bei richtiger Anwendung dieses Trainingsprinzips „versteht" das Pferd intrinsisch, dass es für seine eigene Aktivität verantwortlich ist. Es wird

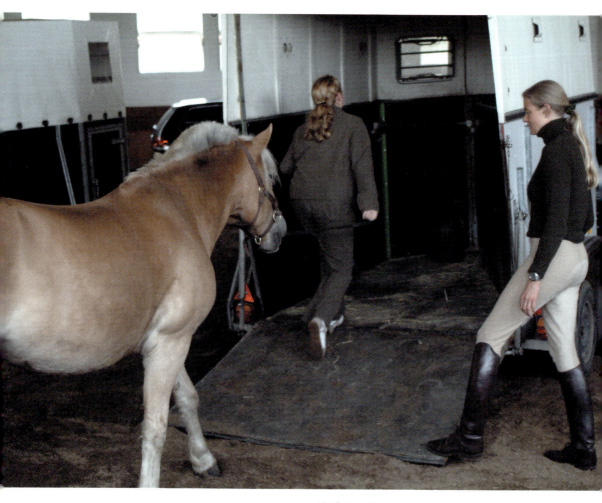

Mitarbeit und Engagement der Besitzerin machten den schnellen und nachhaltigen Erfolg möglich.

dazu tendieren, vorwärts zu denken. Nach ein bis zwei Versuchen stellt die Richtung „rückwärts" keine Alternative mehr dar. Im nächsten Schritt steht Neptun bereits mit allen vier Beinen auf der Rampe und geht schließlich ganz in den Anhänger hinein. Das Pferd entscheidet selbst, dass es keinen Grund mehr gibt, rückwärts zu gehen, und lernt, dass ihm nichts von hinten geschieht.

Nachdem Neptun auf die bloße Anwesenheit eines Menschen hinter ihm nicht mehr mit Angst reagiert, wird er vorsichtig an der Hinterhand berührt, bis er auch das ruhig akzeptiert. In kleinsten Arbeitsschritten wird die Klappe angehoben, höher gedrückt, geschlossen. Neptun lernt, dass das Öffnen der Klappe keine assoziative Verknüpfung mit dem Ein- oder Aussteigen hat. Jedes Pferd sollte diesen Punkt lernen: Die hintere Stange oder Rampe hat nichts mit dem Ein- und Aussteigen zu tun. Es handelt sich um zwei separate, voneinander getrennte Aktionen.

Geübt werden kann dies – bei Pferden, die ruhig im Hänger stehen –, indem man gelegentlich die Klappe öffnet und schließt, ohne das Pferd aus dem Hänger gehen zu lassen. So wird ein Pferd nicht nervös, wenn der Ausladeprozess beginnt.

Neptun hat verstanden – die alten assoziativen Verknüpfungen konnten durch neue, positive ersetzt werden. Ab diesem Zeitpunkt gehen alle weiteren Arbeitsschritte wie von selbst. Auf Anhieb kann Verena ihr Pferd selbst auf den Anhänger führen.

Statement Besitzer

„Er ist ein absolutes Verlasspony, geht ein-, zwei- und vierspännig vor der Kutsche im Gelände und Dressurviereck. Nur auf den Anhänger geht er absolut nicht."

„Je schlechter er sich verladen ließ, umso unsicherer wurde ich selbst und damit trage ich natürlich auch einen großen Teil zu dem Problem bei. Aber der Haflinger ist so einfallsreich in seiner Weigerung, dass ich einfach nicht weiter weiß."

„Ich sehe bereits an seinem Gesichtsausdruck, ob es klappt oder nicht."

„Ich möchte gerne seine Sprache lernen, damit er mich besser versteht und ich ihm nicht unabsichtlich Unrecht tue."

„Alle haben gesagt, er bräuchte Prügel, weil er so stur ist. Wäre ich doch nur schon früher gekommen."

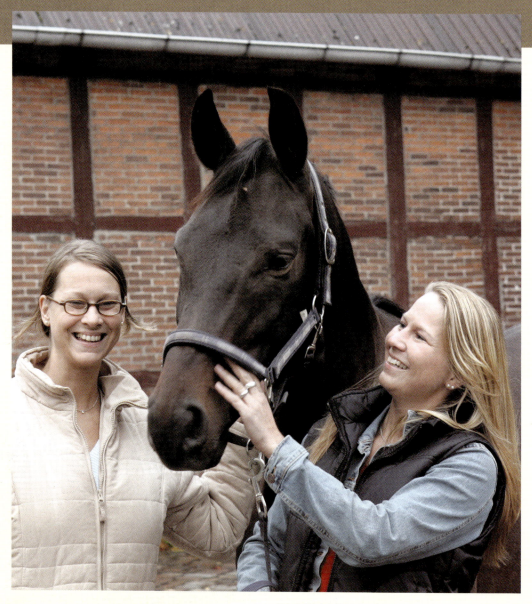

Die vierjährige Stute Sunshine

Sunshine
(4/Oldenburger-Vollblut-Mix)

Die braune Stute Sunshine wuchs bei einer Familie auf, die seit Jahren Pferde züchtet. Artgerechte Haltung und viel Menschenkontakt waren hier Tradition und sollten auch aus Sunshine ein umgängliches Pferd werden lassen. Bis zum Alter von zwei Jahren konnte man problemlos mit ihr umgehen. Dann, mit zunehmender Kraft, begann sie auszuschlagen und zu steigen. Die Stute trat gezielt nach jedem Menschen, der sich ihren Hinterbeinen auch nur näherte. Seit zwei Jahren hat kein Schmied ihre Hufe berührt. Wer zu nah an den Kopf kam, selbst nur vorbeigung, wurde gebissen. Auch auf den Anhänger ging das Pferd nur bedingt. Ein Hinterhuf blieb immer auf der Rampe. Wehe dem, der sich diesem näherte. Besitzerin Kerstin ist das unerklärlich. Zumal der Stute auch nichts geschehen sei, sie keine schlechten Erfahrungen gemacht habe. Als sie mit drei Jahren vorsichtig angeritten wurde, zeigte Sunshine keinerlei Angst- oder Schreckreaktionen.

Nur einmal habe es einen Vorfall gegeben. Die Pferde wurden nachts auf der Weide gejagt, wobei die Stute in oder gegen ein Gatter geraten sei. Seitdem war sie in einer fremden Umgebung extrem schreckhaft und zitterte, ließ sich aber auch wieder beruhigen.

Vor allem mit Blick auf die Pflege der Hufe hat die Familie nichts unversucht gelassen. Das Pferd wurde mit Beruhigungsmitteln sediert, Nasenbremse, Schlinge und das Fixieren in einer Ecke schlugen fehl. Schläge oder ähnliche Gewaltmaßnahmen habe es nie gegeben, so die Besitzerin.

Einschätzung Andrea Kutsch

„Auf den ersten Blick erinnerte das Verhalten dieser Stute an das eines verwöhnten Kindes – womit das Setzen klar verständlicher Regeln und das Einhalten selbiger gemeint ist. Dadurch, dass sie in ihrem Lebensumfeld scheinbar keine für sie verständlichen Grenzen erfährt, wirkte sie auf mich unzufrieden und wie auf der Suche nach Halt in einem Herdenverband. Grenzen und ein klarer Rahmen sind nicht nur Eingrenzung, son-

Die Stute schlägt und beißt gezielt nach jedem, der in ihre Nähe kommt. Kein Schmied kann ihre Hufe versorgen.

dern auch Schutz und Sicherheit. Pferde sind es gewohnt, in einer klaren hierarchischen Struktur zu leben. Sie suchen Halt, Grenzen, klare Richtlinien. Sunshine widersetzt sich orientierungssuchend. Letztendlich wurde sie in der Tat zu einem gefährlichen Pferd.

Das Stillstehen an sich war überhaupt nicht in ihr verankert. Wir mussten bei null beginnen. Stehen, wenn ich stehe – gehen, wenn ich gehe. Keiner hat das Recht, den anderen umzurennen. Ich stelle klare Verhaltensregeln im Umgang miteinander auf. Sie wird, wenn sie die Regeln verstanden hat, zur inneren Ruhe finden.

Am Anfang war jede Bewegung der Stute gegen den Menschen gerichtet. Durch Vorwärts- und Rückwärtsrichten habe ich ihr mit unbedingter Konsequenz einen ganz engen Rahmen gesteckt, in dem sie sich bewegen durfte. Sie musste lernen, sich nicht zu bewegen, wenn ich mich nicht bewegte. Verstehen muss man bei alldem: Die Stute will von sich aus gar nicht ‚böse' sein, wie man aus einem falschen Anthropomorphismus – also einem vermenschlichendem Ansatz – heraus interpretieren könnte. Auch wenn sie ganz gezielt nach Menschen tritt und beißt – sie tut das nicht, weil es ihr Wunsch ist. Sie selbst sucht nach dem Rahmen, in dem sie sich bewegen kann. Die vermeintliche Aggression ist Ausdruck der eigenen inneren Unzufriedenheit. In dem Moment, in dem sie sich in einem von mir gesetzten Rahmen richtig verhalten konnte, wurde sie zufriedener und kooperativer."

Training

Extrem nervös und angespannt ist die Stute bei der ersten Vertrauensarbeit, in der sie Andrea Kutsch schnelle Reaktionen zeigt und volle Kooperation signalisiert. Eine anspruchsvolle Aufgabe, die beiden Seiten Konzentration und Aufmerksamkeit abfordert. Gefragt ist professionelle und kompetente Kommunikation.

Die Kommunikations- und Kooperationsbereitschaft der Stute, die schnell erste Unterordnungsgesten zeigt, scheint durchgehend von einem Widerwillen durchzogen, den sie auch im weiteren Verlauf des Trainings zunächst nicht ablegt. Wie sich herausstellt, ist elementares Stillstehen nicht ansatzweise in der Stute verankert. Andrea Kutsch steckt Sunshine einen engen Rahmen, in dem sie sich bewegen kann, gewaltfrei wird die Stute durch ein Vor- und Zurückrichten reglementiert, wenn sie die ihr gesetzten Grenzen überschreitet.

Von Sunshine mit äußerster Skepsis verfolgt, beginnt Andrea Kutsch dann, sie vorsichtig mit einem Kunstarm – einem weichen ausgestopften Handschuh am Ende eines Besenstiels – am ganzen Körper zu berühren. Als die Hand das linke Hinterbein berührt, schlägt die Stute aus. Der Kunstarm schafft eine ruhige und angstfreie Arbeitsmöglichkeit. Weil der Mensch sich sicher fühlen kann, kommt es nicht zu einem erhöhten Adrenalinausstoß. Normalerweise würde sich die Hand sofort entfernen, sobald das Pferd tritt. Doch diesmal bleibt die Hand, wird nicht erschreckt weggenommen, wie es die Stute gewöhnt ist. Erst als das Bein wieder auf dem Boden abgestellt ist, entfernt sich auch die Hand. Die Trainerin arbeitet mit diesem Prinzip weiter,

Der künstliche Arm hat gleich mehrere Vorteile: Da für den Menschen keine Gefahr besteht, kann mit ruhigem Puls und niedrigem Adrenalinspiegel gearbeitet werden. Außerdem entfernt sich der Arm nicht, sobald die Stute das Bein zum Schlagen hebt.

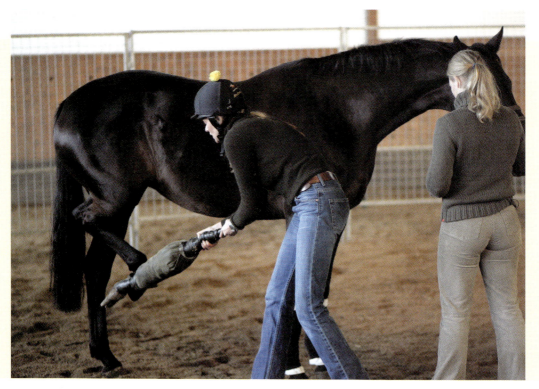

Ein am künstlichen Arm fixierter Daumen erlaubt es, in die Fesselbeuge zu greifen und das Bein anzuheben.
Die Stute wird immer gelassener und kooperativer. Bald schon kann Andrea Kutsch das Hinterbein mit der Hand berühren.

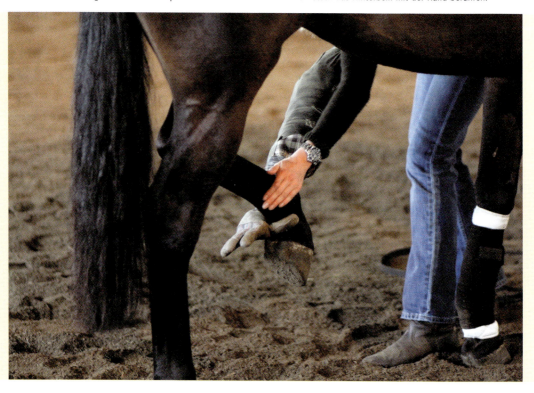

bis die Stute ihr Bein immer schneller auf den Boden zurückstellt und schließlich bei einer Berührung gar nicht mehr hochnimmt. Sogar an der Innenseite der Hinterbeine lässt sich Sunshine jetzt problemlos berühren. Sie zeigt sich kooperativ und lernfähig. Bleibt sie stehen, wenn der Arm sie berührt, entfernt sich dieser und damit der Stimulus wieder. Gearbeitet wird bei diesem Element der Konditionierung immer mit einem psychologisch bewältigbaren Reiz. Je weiter das Training voranschreitet, die Stute das Konzept erlernt und versteht, desto aufmerksamer und kooperativer wird sie. Sunshine begreift, dass sie das Szenario durch eigene Ruhe kontrollieren kann.

Das Training wird mit einem weiteren Kunstarm fortgesetzt. Dieser hat einen fixierten „Daumen", sodass die Trainerin damit das Fesselgelenk umgreifen und das Bein anheben kann. Während Julia Köhling das Pferd hält, legt Andrea Kutsch die künstliche Hand in die Fesselbeuge. Die Stute steht, schlägt nicht, die Hand entfernt sich. Wegnehmen des negativen Stimulus als Belohnung, Ruhe als Belohnung. Sunshine hat das Trainingskonzept verstanden und kooperiert.

Als die anfängliche, vermeintliche Aggression bewältigt ist, zeigt Sunshine mit Zittern und Schwitzen auch ganz deutliche Zeichen der Angst. Diese muss nun psychologisch korrekt bewältigt werden. Keine Bewegung der Stute in die richtige Richtung darf nun übersehen werden. Sie benötigt positive Verstärkung für jeden richtigen Schritt und das konsequente Einhalten der aufgestellten Regeln.

In den kommenden Trainingseinheiten zeigt die Stute erstaunliche Fortschritte. Als die Besitzerin ihr Pferd einige Zeit später wieder abholen kommt, wird sie Zeugin, wie sich die Stute problemlos die Hufe vom Schmied bearbeiten lässt.

Statement Besitzer

„Meine Familie züchtet seit Jahren Pferden. Ich weiß nicht, was in diese Stute gefahren ist."

„Mit drei Jahren haben wir die Stute angeritten. Sie hat nie auch nur die geringste Angst- oder Schreckreaktion gezeigt, es sei denn, die Umgebung war neu."

„Am Anfang haben wir sie in Ruhe gelassen, dann alles Erdenkliche ausprobiert. Nichts funktionierte."

„Man kann sich ja nicht ganz auf der Nase herumturnen lassen. Aber Schläge oder ähnliche Gewaltmaßnahmen gab es nie."

Der scheue Isländer Vikingur ließ sich weder berühren noch aufhalftern.

Vikingur
(9/Isländer)

Als Daniela den Mausfalben Vikingur vor fünf Jahren entdeckte, war sich die ambitionierte Reiterin, die regelmäßig Lehrgänge bei renommierten Islandtrainern besucht, sicher, ihr Pferd gefunden zu haben. Nicht nur die Farbe des neunjährigen Vikingur, auch seine Ausstrahlung und Neugier, sein Temperament und die Abstimmung faszinierten sie auf Anhieb.

Als sie Vikingur kaufte, hatte sie bereits einen Isländer Wallach. Snorry war überaus scheu und skeptisch. Den Fuchs hatte Daniela im Laufe der Zeit mit viel Geduld und stundenlangem Sitzen und Beobachten auf der Weide zugänglich gemacht. Seit ihrem sechsten Lebensjahr sitzt sie im Sattel, seit über 20 Jahren ist sie absoluter Isländer-Fan. Als sich Snorry ab einem gewissen Punkt am Ende seines Leistungspotenzials zeigte, wollte seine Besitzerin ihn nicht überfordern, gleichzeitig aber auch nicht auf ihre reiterlichen Ansprüche verzichten. Sie sah sich nach einem zweiten Pferd um: Vikingur. Von Anfang an zeigte sich der Falbe extrem scheu, zu seiner Skepsis kamen offensichtliche Drohgebärden. Wieder waren es geduldige Stunden auf der Weide, die ihn allmählich zugänglich und reitbar machten. Seine Besitzerin war begeistert, obwohl der Wallach im Umgang nach wie vor enorm schwierig blieb. Gar nicht berühren ließ er sich an den Ohren, und sobald er nahe Bewegungen in Augenhöhe wahrnahm, rannte er panikartig davon. Bis zu einem gewissen Zeitpunkt ließ er sich jedoch von der Weide in die Box locken und dort anstandslos putzen und satteln. Vor Männern schien Vikingur besondere Angst zu haben, was den Umgang mit ihm noch erschwerte, da sich der Vater der Besitzerin mit um die Pferde kümmerte und sie versorgte.

Als Daniela vor drei Jahren schwanger wurde, hörte sie aus Sicherheitsgründen ganz mit der Reiterei auf. Sie wurde ängstlich und vorsichtig. Vikingur zog sich zurück. Bis heute hat sie nie wieder auf ihrem Isländer gesessen, nicht einmal mehr anfassen lässt er sich von ihr. Umso problematischer, als der Falbe unter Sommerekzem leidet, die weder Daniela Störmer noch ein Tierarzt behandeln kann. Die betroffenen Stellen werden kahl und blutig gescheuert und müssten täglich mit einer Lotion behandelt oder abgedeckt werden. Unmöglich bei einem unberührbaren Pferd. Immer hilfloser und verzweifelter wendet sich die Besitzerin an Andrea Kutsch. Als diese die Arbeit mit Vikingur für die WDR-Serie zusagt, schöpft Daniela Störmer Hoffnung auf ein neues Leben mit ihrem Isländer.

Einschätzung Andrea Kutsch

„Vikingur ist ein extrem gestörtes, schwer traumatisiertes Pferd. Anhand seiner Reaktion auf bestimmte Bewegungen und Aktionen des Menschen konnten wir darauf schließen, dass etwas Gravierendes passiert sein musste. Was genau, lässt sich nicht rekonstruieren. Für meine Arbeit war das sekundär, für die Besitzerin wäre die Vorgeschichte ihres Pferdes sicherlich interessant.

Vikingur reagierte geradezu panisch, wenn man sich mit einem Strick oder Halfter näherte. Alles, was mit Berührungen, schnellen Bewegungen, dem Menschen und seinem Equipment zu tun hat, versetzte ihn in blinde Angst. Hatte er das Halfter erst einmal auf, wurde er gelassener und kooperativer. Das Problem seiner Besitzerin war, ihn überhaupt anfassen und aufhalftern zu können. Dabei hat sie selbst rund um die Pferde eine sehr ruhige Körpersprache. In der Vertrauensarbeit hat der Isländer ausgesprochen fein auf meine Körpersprache reagiert. Ich konnte ihn bereits nach einigen Minuten anfassen, berühren und aufhalftern. Das veränderte und neue Umfeld in unserem Stall hat geholfen, alte Verhaltensmuster zu überdecken. Von Anfang an war voraussehbar, dass wir auch zu Hause in seinem heimatlichen Umfeld mit ihm arbeiten werden müssen, da die neu konditionierten Assoziationen auch dort etabliert und gefestigt werden müssen."

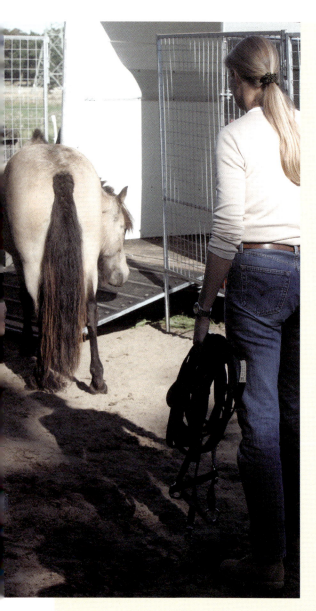

Wie verlädt man ein Pferd, das sich nicht anfassen lässt? Andrea Kutsch hat den Falben auf seiner heimischen Weide abgeholt.

Vikingur

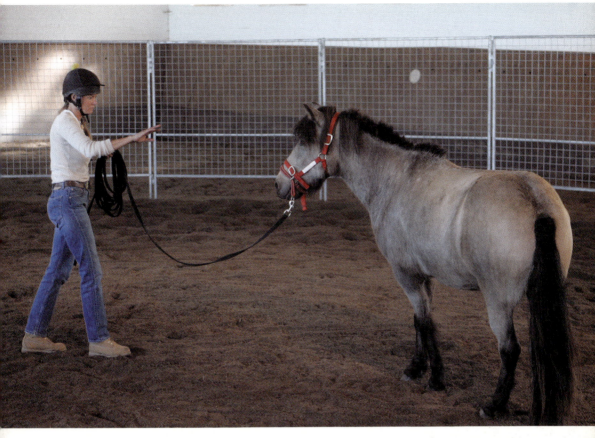

In der Vertrauensarbeit reagiert Vikingur ausgesprochen fein auf die Körpersprache der Trainerin.

Training

Ein Pferd, das sich nicht anfassen lässt, zu verladen ist in der Tat eine Herausforderung. Auf seiner Weide holt Andrea Kutsch Vikingur ab. Mithilfe von Snorry und Gitterelementen kann der Falbe erst in einen Sandpaddock und dann auf den Anhänger dirigiert werden. Auf Hof Hellerholz angekommen, werden auf dem Hänger Halfter und Longe angelegt. Die grundlegende Vertrauensarbeit mit dem scheuen Isländer kann beginnen.

In den kommenden Tagen bleibt Vikingur in seiner Box mit angeschlossenem Paddock. Mehrfach am Tag wird er in die Halle gebracht, losgemacht und mithilfe der nonverbalen Kommunikation wieder eingefangen. In der Box wird ihm nahezu beiläufig, aber dennoch in äußerster Ruhe das Halfter übergestreift, immer wieder wird das Pferd berührt. Als das in der Box gut funktioniert, werden die mehrmals täglichen Trainingseinheiten im Paddock weitergeführt. Aufhalftern und

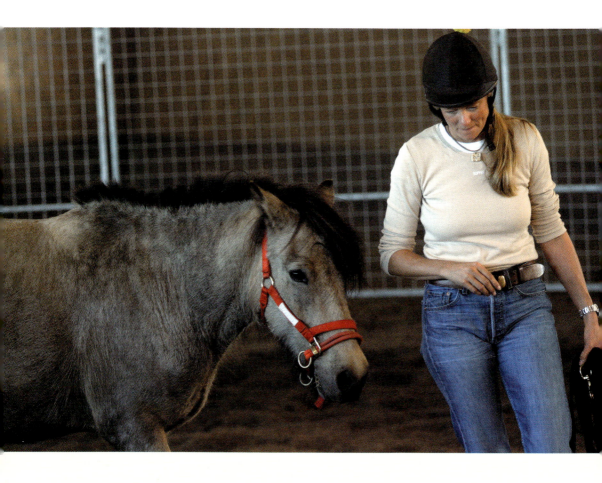

sich anfassen lassen wird für Vikingur zu einer alltäglichen, unspektakulären und angstfreien Handlung. Weder muss er nach dem Aufhalftern arbeiten, noch wird er behandelt oder anderweitig in Anspruch genommen.

Die Vertrauensarbeit ist sehr wertvoll und mehr und mehr öffnet sich das Pferd, vertieft das neu gewonnene Vertrauen. Gleichzeitig wird es Schritt für Schritt an die Elemente des täglichen Umgangs gewöhnt. Auch das Verladetraining wird fortgesetzt. Reagiert der Wallach anfänglich ängstlich und fluchtbereit, festigen sich Entspannung und Zutrauen zusehends durch die ruhige und kontinuierliche Arbeit. Problemlos und umgänglich stellte sich das Pferd am Trainingsende auf Hof Hellerholz dar.

Wenn Pferde aus der Trainingssituation in ihre gewohnte Umgebung zurückkehren, geschieht oftmals Folgendes: Die im heimischen Umfeld gelernten Stimuli überdecken die neu antrainierte assoziative Bildfolge. Alte Mechanismen greifen, der Lernerfolg scheint hinfällig. Das ist keineswegs der Fall. Lernt das Pferd, die neue Konditionierung auch in der vertrauten Umgebung anzunehmen und als neues Verhaltensschema abzuspeichern, ist der Erfolg dauerhaft. Für

Vikingur

Auch auf der Weide funktioniert die Vertrauensarbeit. Vikingur kooperiert, lässt sich anfassen und einfangen.

Andrea Kutsch ist das Training daher auf Hof Hellerholz nicht beendet. Oftmals stehen einige abschließende Trainingseinheiten am Ende einer erfolgreichen Therapie.

Auch für Vikingur sagt Andrea Kutsch einen vermeintlichen „Rückfall" in die alten Assoziationsmechanismen voraus, sobald er wieder zu Hause ist. Sie behält Recht. Im Spiel hatte sich der Wallach das Halfter abgestreift und lässt sich von seiner Besitzerin nicht wieder einfangen. Direkt auf der Weide absolviert Andrea Kutsch mit ihm eine erfolgreiche Vertrauensarbeit, überlagert die alten, negativen Bilder auch im vertrauten Umfeld mit den positiven Bildern aus dem Training. Vikingur überträgt das Gelernte: Seitliche Bewegungen stellen keine Gefahr dar, Anfassen und Aufhalftern sind entspannte Selbstverständlichkeiten im Umgang. Ein ausgezeichnetes Beispiel, welches die Existenz und Kraft assoziativer Zusammenhänge belegt.

Statement Besitzer

„Genau so einen hatte ich mir immer gewünscht. Nicht nur wegen der Farbe. Auch seine Ausstrahlung, der Pep, seine Neugierde und seine Abstammung zogen mich magisch an."

„Dabei hat er bei mir nie auch nur ansatzweise etwas Schlechtes erlebt. Weder Schläge noch Bestrafung oder schreckliche Erlebnisse."

„Alles lief gut, bis ich vor drei Jahren schwanger wurde. Damals hörte ich mit dem Reiten von Vikingur aus Sicherheitsgründen ganz auf."

„Meine kleine Nichte konnte ihn anfangs noch aufhalftern, später nur noch leicht berühren. Ich durfte ihn nur noch begrenzt in der Box anfassen."

Warum der Mensch mitlernen muss

Ein Team auf der Schulbank

In den meisten Fällen ist ein Problemverhalten von Pferden auf Angst und Furcht zurückzuführen. Beide sind fest in der evolutionsgeschichtlichen Entwicklung des Fluchttieres Pferd verankert und gehören zu seiner biologischen Grundausstattung. Zudem ist das Pferd als Herdentier grundsätzlich an schnellen Problemlösungen interessiert. Ein Ausschluss aus der Herde ist für das Tier lebensbedrohlich.

Evolutionsgeschichtlich ergibt sich die Stärke eines Herdenverbundes aus der Anzahl der Tiere. In seiner Gestik, seiner nonverbalen Sprache, bietet das Pferd Problemlösungen an. Eine konfliktreiche, kampfähnliche Auseinandersetzung, die

sein ureigenes Ziel – Überleben – kompromittiert, ist nicht in seinem Interesse. In einer freien Herde wird ein Pferd ein anderes nicht lebensgefährlich aus dem Hinterhalt verletzen. Alle Konfrontationen, alle Macht- und Drohgebärden innerhalb der Rangordnung laufen nach einem ritualisierten Schema ab, haben Grenzen und Spielregeln. Die Kunst eines vertrauensvollen und erfolgreichen Umgangs mit Pferden besteht darin, die fundamentalen Eigenschaften in der Natur des Pferdes zu respektieren, zu erkennen und entsprechend darauf eingehen zu können.

Pferde, die schlechte Erfahrungen gemacht haben, vergessen nie. Sie verfügen über ein immenses Erinnerungsvermögen. Mit einer negativ belasteten Situation konfrontiert, kann das Pferd aus der Erinnerung agieren, auch wenn der Stimulus zu dem Zeitpunkt für den Menschen nicht eindeutig erkennbar ist. Pferde lernen ausgesprochen schnell, sich mit ihrer unmittelbaren Umgebung zu arrangieren, und finden dementsprechend schnell Wege, für sie unangenehme Situationen zu vermeiden. Auch bei den Menschen ihrer Umgebung haben sie ein äußerst schnelles und konsequentes Gespür dafür, wem sie vertrauen können und wem nicht. Pulsfrequenz und Adrenalinspiegel eines Menschen, Artgenossen oder Feindes kann das Pferd schon aus einiger Distanz in kürzester Zeit erfassen, eine lebenswichtige Fähigkeit für das Herden- und Fluchttier. Pferde lernen schnell und sind fähig, bewusst Entscheidungen zu treffen.

Für die Beurteilung eines Problemverhaltens bei Pferden ist es unerlässlich, auch die Menschen zu betrachten, die mit diesem Pferd umgehen. Ein Pferd stellt sich auf seine Bezugspersonen ein.

Hat der Besitzer ein tiefes Vertrauensverhältnis zu seinem Pferd, wird im gegenseitigen Umgang vieles möglich sein, was bei anderen Menschen zu Problemen führen kann. Entstehen Situationen, in denen der Mensch mit hohem Adrenalinspiegel oder gar gewaltbesetzt reagiert, wird sich auch sein Pferd dementsprechend verhalten. Oft eskaliert eine solche Situation, Pferd und Mensch wechseln sich mit ihrem für den anderen inakzeptablen Verhalten ab, bis es zum offenen Kampf kommt. Die Entstehung von so genanntem Problemverhalten ist vorprogrammiert – und dabei eigentlich nur eine Form der Konditionierung und Prägung. Problematisches Verhalten beim Pferd findet seinen Ursprung oft in unnötiger Härte oder mangelnder Disziplin und Erziehung. Der Natur des Herdentieres Pferd ist ein Unter- und Einordnen immanent. Es braucht und sucht Verhaltensregeln, die Orientierung und damit Sicherheit bedeuten. Zeigt der Mensch diese Regeln und Grenzen nicht auf, ist das Tier mit der unstrukturierten Freiheit überfordert und sucht Halt, Anweisung und klare Richtlinien. Die jahrelange Arbeit mit Problempferden hat gezeigt, dass ein Fehlen des natürlichen Bedürfnisses nach Orientierung und Anlehnung ein Pferd zutiefst unglücklich machen kann, was sich wiederum in auffälligem Verhalten äußert.

Grundsätzlich nimmt das Pferd unsere nonverbale Kommunikation wahr, bleibt aber in seiner eigenen nonverbalen Sprache isoliert, da der Mensch auf seine Gesten, seine Warn- und Angstsignale oftmals viel zu spät oder gar nicht eingeht. Unsere nicht lesbare „Sprache" macht uns für das Pferd auf eine gewisse Art und Weise unvorhersehbar. Wenn Menschen aus einer emotionalen Stimmung oder einem umweltbestimmten Reiz heraus reagieren, einem Pferd an einem Tag alles und am nächsten Tag nichts erlaubt ist, machen diese Stimmungsschwankungen den Menschen zu einem unverlässigen Gegenüber.

Die Verschiebung von uneindeutigen, aggressiven Handlungen, geäußert durch Stimmungsschwankungen und nicht verständliches oder nicht nachvollziehbares Handeln, ist in der Natur des Pferdes nicht vorhanden. Das 50 Millionen Jahre alte Kommunikationssystem der Pferde ist effektiv, eindeutig und vorhersehbar.

Es ist weltweit einzigartig, weltweit identisch und läuft letztendlich auf die zwei fundamentalen Lebensziele des Pferdes hinaus: Überleben und Fortpflanzen.

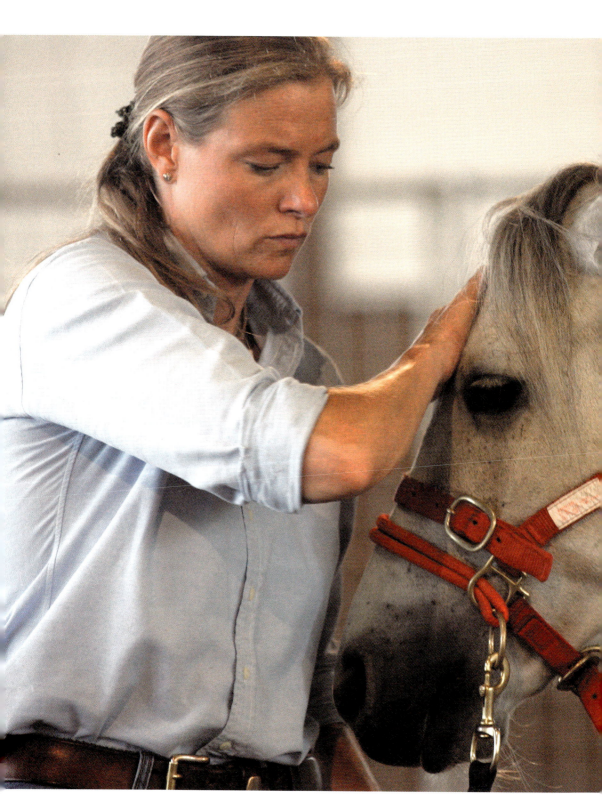

Seminare

In der Partnerschaft Mensch und Pferd bringt nur gemeinsames Lernen tatsächlichen und langfristigen Erfolg. Ein Pferd im Training von Andrea Kutsch therapieren zu lassen und dann in die altbekannte, unveränderte Situation zurückzubringen kann die Heilung innerhalb kürzester Zeit wieder zunichte machen. Warum? Weil die alten assoziativen Bilder im Gedächtnis des Pferdes wieder greifen. Zurück im alten Stall, in der alten Umgebung wird das neu Erlernte von den tief sitzenden Stimuli, die sich über eine lange Zeit aufgebaut haben, überdeckt. Nicht selten entsteht der Kreislauf von gegenseitigem Unverständnis, von Gewalt und Gegengewalt zwischen Pferd und Reiter wieder von vorn. Die begonnene Überdeckung der negativen Assoziationen mit positiven, der weitere Ausbau des Vertrauens, muss genau hier – im Umgang mit den vertrauten Menschen im heimischen Umfeld – weitergehen. Nur so können sich die neu erarbeiteten Verhaltensmuster festigen.

Weil ein gemeinsames Lernen so entscheidend wichtig ist, bindet Andrea Kutsch die Besitzer von Problempferden nicht nur stark in das eigentliche Training mit ein, sondern gibt ihre Lehre in einer Vielzahl von Seminaren, Vorträgen und Informationsveranstaltungen weiter. Hier lehrt sie die neue Form der Kommunikation, öffnet Reitern, Besitzern und Pferdefreunden ganz neue Möglichkeiten im Umgang mit den Tieren.

Ein grundlegendes Verständnis der Natur der Pferde, Basis- und Aufbauwissen über den Umgang und die richtige Kommunikation mit den Vierbeinern stehen im Seminarplan.

Anmeldungen und ausführliche Informationen zu den einzelnen Seminarinhalten finden sich auf der Homepage der Pferdeflüsterin: www.andreakutsch.de.

Zum Schluss

Mehr ein Zuhören als ein Flüstern

Wie jedes Lebewesen hat auch das Pferd in seiner langen Evolutionsgeschichte für sich einen einzigartigen Weg entdeckt, gegen alle Wahrscheinlichkeit zu überleben. Das verdient Anerkennung, allergrößten Respekt und die Beachtung der natürlichen Verhaltensweisen bei der Begutachtung und im täglichen Umgang. Der Mensch sollte sich nicht anmaßen, evolutionäre Verhaltensweisen, die sich über einen Zeitraum von 50 Millionen Jahren etabliert haben, ausmerzen zu wollen. Vielmehr sollte er beginnen zu analysieren, gegen welche Naturgesetze er verstößt, wenn ein Problemverhalten auftritt.

Hier, bei den Naturgesetzen, der ursprünglichen Natur der Pferde, setzt die Philosophie, die neue Kommunikation der Pferdeflüsterin Andrea Kutsch an. Erkennen und Verstehen der Natur sind die Ausgangspunkte aller weiteren Ansätze und Methoden. Nur wer erkennt und versteht, kann entsprechend reagieren. Nur wer entsprechend reagiert, kann in eine echte Kommunikation zwischen Mensch und Tier treten. Klar wird also eins: Für die so genannte Pferdeflüsterin geht es weit mehr um ein Zuhören denn um ein Flüstern.

Wie jede echte Kommunikation ist auch der Austausch zwischen Mensch und Pferd keine Einbahnstraße. Es geht nicht um Monolog und Diktatur, sondern um eine Zweiwegkommunikation, einen gleichberechtigten und vor allem erfolgreichen Dialog zwischen zwei Lebewesen. Die Philosophie der neuen Kommunikation führt genau dorthin.

Das Interesse an der Reiterei, die Angebote rund um Pferd und Sport, aber auch die Möglichkeiten, eigene Pferde zu halten, waren noch nie so groß wie heute. Allein in Deutschland haben sich über zehn Millionen Menschen die Faszination des Pferdesports zum Hobby gemacht. Die Verantwortung steigt, die Unwissenheit steigt. Im Pferdesport wird Letztere allerdings schnell zum gefährlichen Spiel. Vor allem dann, wenn am falschen Ort nach Hilfe gesucht wird.

Wer hilft bei Problempferden?

Spätestens seit dem Hollywood-Erfolg *Der Pferdeflüsterer* rollt die Medienlawine rund um Monty Roberts und Andrea Kutsch. Die scheinbar magische Umgehensweise und Heilung von Problempferden wird für Besitzer zur letzten Hoffnung und begeistert ein wachsendes Publikum. Neue Trainer, Therapeuten und Pferdeversteher reiten auf dieser Welle ins Bewusstsein der Öffentlichkeit. Nie waren Angebote der Hilfe und Heilung so umfangreich wie heute.

Was also tun, wenn die Hilfe eines Fachmanns unumgänglich wird?

Woran erkenne ich den Profi, wo wird mir wirklich geholfen und wie unterscheide ich den Scharlatan vom versierten Pferdemann, wenn es um die Arbeit mit problematischen Pferden geht?

Pauschalrezepte und Generalantworten gibt es nicht. Letztendlich bleibt die Wahl des richtigen Trainers Vertrauenssache und eine Frage des eigenen Urteilsvermögens darüber, ob harmonisch, kooperativ und verständnisvoll mit dem Lebewesen Pferd umgegangen wird und kontinuierlich effiziente Lösungen erarbeitet werden.

FORMEN DER KOMMUNIKATION

Renate Ettl

So bleibt Ihr Pferd cool und gelassen

Dieses Buch zeigt dem Leser, wie man einem Pferd mehr Ruhe und Gelassenheit antrainiert und die FN-Prüfung „Gelassenheit" erfolgreich absolvieren kann.

Broschiert, 80 Seiten, farbig
ISBN 3-86127-545-7

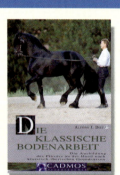

Alfons J. Dietz

Die klassische Bodenarbeit

Der interessierte Pferdeausbilder findet in diesem Buch umfassende Informationen zu allen Methoden der Bodenarbeit.

Broschiert, 144 Seiten, farbig
ISBN 3-86127-411-6

Horst Becker

Handbuch der Doppellongenarbeit

Diese Buch bietet alles, was man über die Doppellongenarbeit wissen muss. Es beginnt mit der einfachen Longenarbeit und führt den Leser bis in die Hohe Schule.

Gebunden, 128 Seiten, farbig
ISBN 3-86127-389-6

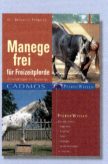

Dr. Nathalie Penquitt

Manege frei für Freizeitpferde

Ein kleines Einsteigerbuch für alle, die gern mit Pferden Zirkuslektionen einstudieren möchten. Es geht leichter als man denkt. Ein leicht verständlicher Schritt-für-Schritt Ratgeber.

Broschiert, 32 Seiten, farbig
ISBN 3-86127-282-2

Clarissa L. Busch

Die Hilfengebung des Reiters

Leicht verständlich erklärt die Autorin die elementaren Grundbegriffe der reiterliche Hilfengebung, beginnend mit dem losgelassenen, ausbalancierten Sitz, der die Grundlage allen Reitens ist.

Broschiert, 80 Seiten, farbig
ISBN 3-86127-517-1

Cadmos Verlag GmbH · Im Dorfe 11 · D-22946 Brunsbek
Tel. 0 41 07 85 17 0 · Fax 0 41 07 85 17 13
www.cadmos.de